Josef Högemann

Privatbahnen in der Grafschaft Hoya

Hoyaer Eisenbahn-Gesellschaft (HEG)
Kleinbahn Hoya-Syke-Asendorf (HSA)
Verkehrsbetriebe Grafschaft Hoya (VGH)
Museums-Eisenbahn Bruchhausen-Vilsen – Asendorf

Nebenbahndokumentation
Band 4

Verlag Kenning

Inhalt

3 **Vorwort**

Die Hoyaer Eisenbahn-Gesellschaft (HEG)
4 *Planung und Bau*
6 *Die ersten Betriebsjahre*
10 *Der neue Gemeinschaftsbahnhof in Hoya*
10 *Die HEG im Wandel der Zeit*
13 *Lokomotiven und Triebwagen der HEG*

Die Kleinbahn Hoya-Syke-Asendorf (HSA)
19 *Vorgeschichte*
22 *Planung und Bau*
25 *Bücken erhält einen Bahnanschluß*
26 *Die Weserbrücke in Hoya*
29 *Weitere Projekte*
38 *Die Kleinbahn Hoya-Syke-Asendorf im Wandel der Zeit*
48 *Lokomotiven und Triebwagen der HSA*

Die Verkehrsbetriebe Grafschaft Hoya (VGH)
52 *Die Fusion*
57 *Die Umspurung*
61 *Die Entwicklung der VGH*
71 *Schwere Zeiten für den Schienenverkehr zwischen Eystrup und Syke*
74 *Der VGH-Schienenverkehr vor dem Ende?*
75 *Die Triebfahrzeuge der VGH*
78 *Streckenbeschreibung Eystrup – Syke*

Die Museums-Eisenbahn Bruchhausen-Vilsen – Asendorf
82 *Vorgeschichte*
83 *Betriebsaufnahme im Sommer 1966*
84 *Die ersten Jahre*
91 *Historische Schmalspurbahn mit Zukunft*
95 *Die Strecke*
100 *Lokomotiven und Triebwagen der Museums-Eisenbahn Bruchhausen-Vilsen – Asendorf*

107 **Literatur**

Impressum

Herausgeber: **Verlag Kenning** – Hermann-Löns-Weg 4, W-4460 Nordhorn, Tel. 05921/76996, Fax 05921/77958

ISBN 3-927587-09-5

Copyright 1992 by Verlag Kenning, Nordhorn
Alle Rechte, auch das des auszugsweisen Nachdrucks, der fotomechanischen Reproduktion (Fotokopie, Mikrokopie) und das der Übersetzung vorbehalten.

Titelfoto: Nikolaus-Sonderzug des Deutschen Eisenbahn-Vereins (DEV) mit der Lok „Hermann" im restaurierten Bahnhof Heiligenberg am 15.12.1991. Foto: Josef Högemann
Rückseite: Portraitaufnahme der Lok „Franzburg" mit einem originalen Zug der ehemaligen Franzburger Kreisbahnen. Mit großem Aufwand wurde die voll funktionsfähige Görlitzer Gewichtsbremse nachgebildet. Foto: Wolfram Bäumer

Vorwort

Die dünn besiedelte Region südöstlich von Bremen war schon immer ausgesprochen landwirtschaftlich orientiert. Als im vorigen Jahrhundert erste Eisenbahnlinien diesen Raum berührten, brachte das neue Verkehrsmittel den lang ersehnten wirtschaftlichen Auftrieb in die nicht gerade von Reichtümern verwöhnten Dörfer entlang der neuen Schienenstrecken. Um aber auch die vielen abseits gelegenen Ortschaften an dieser Entwicklung teilhaben zu lassen, wurden um die Jahrhundertwende mehrere Zweiglinien gebaut, die unter anderen auch den damaligen Landkreis Hoya erschlossen. Neben der nur 7 km langen Regelspurstrecke der Hoyaer Eisenbahn-Gesellschaft (HEG), die im Jahr 1881 die Hauptbahn Bremen — Hannover mit dem Flecken Hoya verband, ermöglichte ab 1900 die meterspurige Kleinbahn Hoya — Syke — Asendorf (HSA) eine Verbesserung der Verkehrsverhältnisse im westlichen Teil der Grafschaft.

Die wirtschaftliche Entwicklung beider Bahngesellschaften blieb all die Jahre hinweg bescheiden. Dennoch war es bei sparsamster Betriebsführung durchaus möglich, in geringem Umfang Gewinne zu erwirtschaften. Schon bald aber machten sich die unterschiedlichen Spurweiten und Organisationsformen beider Unternehmen als ständiges Hindernis bemerkbar. Dennoch vergingen mehrere Jahrzehnte, bevor im Jahr 1963 endlich beide Bahnen zu einem neuen Unternehmen, den Verkehrsbetrieben Grafschaft Hoya (VGH), vereint wurden. Wenig später wurde die Meterspurstrecke Syke — Hoya auf Regelspur umgebaut und mit dem ehemaligen HEG-Abschnitt Hoya — Eystrup vereint. Die Seitenlinie von Bruchhausen-Vilsen nach Asendorf blieb schmalspurig und steht heute im Besitz des Deutschen Eisenbahn-Vereins (DEV), der sie als Museumsbahn betreibt.

Die Stammstrecke Syke — Eystrup wird auch nach Einstellung des Personenverkehrs Anfang der 70er Jahre weiterhin im Güterverkehr betrieben. Mit bis zu 100.000 t pro Jahr konnte sich das Unternehmen bis in die jüngste Vergangenheit durchaus auf der Schiene behaupten, bevor nach 1980 in nur wenigen Jahren nahezu die gesamte Kundschaft auf die Straße abwanderte. Es sah ganz so aus, als ob der Eisenbahnverkehr zwischen Syke und Eystrup schon bald der Vergangenheit angehören sollte.

Zahlreiche Proteste gegen eine mögliche Stillegung und der politische Wille, den Schienenstrang weiterhin zu erhalten, haben die Eisenbahn in der Grafschaft Hoya vorerst vor dem endgültigen Aus bewahrt. Bleibt zu hoffen, daß es gelingt, neue Fracht auf die Schiene zurückzuholen, damit auch in Zukunft noch Züge durch die Grafschaft Hoya fahren können.

Josef Högemann, im Februar 1992

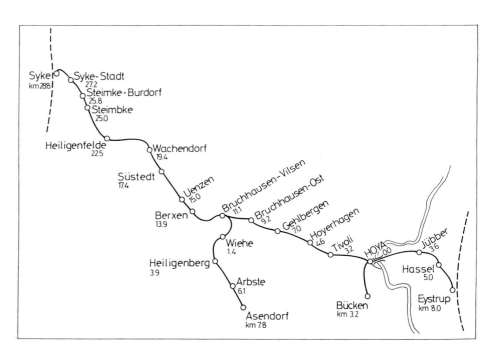

Die Hoyaer Eisenbahn-Gesellschaft (HEG)

Planung und Bau

Schon frühzeitig hatte der Eisenbahnbau die Grafschaft Hoya berührt. Die Hauptstrecke Wunstorf – Bremen der Hannoverschen Staatsbahn war 1847 in Betrieb genommen worden, verlief jedoch östlich der Weser. Die nächstgelegene Bahnstation für Hoya befand sich in Eystrup, also 7 km entfernt.

In den Jahren zuvor hatte die Hannoversche Staatsbahn verschiedene Streckenführungen untersuchen lassen, so auch im Bereich der Grafschaft Hoya. Den Plänen zufolge sollte die Bahnlinie bei Nienburg die Weser überqueren und über Hoya und Martfeld in Richtung Bremen verlaufen. Auf politischer Ebene zeigte man jedoch wenig Entgegenkommen. Man fürchtete die Unruhe, die das Dampfroß in den ländlichen Raum bringen würde und lehnte die Vorstellungen der Hannoverschen Staatsbahn ab.

Bald wurde klar, daß die Eisenbahn erhebliche wirtschaftliche Vorteile ergab. Die von den neuen Schienenwegen berührten Orte entwickelten sich stetig, während die abseits gelegenen Landstriche kaum Aussicht auf eine Verbesserung ihrer wirtschaftlichen Situation hatten. Für Hoya war der Zug zunächst einmal abgefahren. Da weitere überregionale Eisenbahnprojekte im näheren Umkreis nicht zu erwarten waren, blieb nur der Bau einer Stichbahn zum Anschluß an die nahe Hauptbahn.

So bewilligte das Fleckenkollegium von Hoya im Jahr 1873 einen Betrag von 40.000 Talern, um den Bau einer 7 km langen regelspurigen Nebenbahn nach Eystrup einzuleiten. Es vergingen jedoch noch einige Jahre, bis die Gesamtfinanzierung des Eisenbahnprojektes sichergestellt war. Die preußische Regierung war nicht bereit, sich mit einem angemessenen Betrag an dem Bauvorhaben zu beteiligen.

Einschließlich der Betriebsmittel hatte man für die Nebenbahn Gesamtkosten von etwa 350.000 Mark veranschlagt, die durch den Verkauf von Aktien aufgebracht werden sollten. In Hoya und im übrigen Kreisgebiet stand man dem Vorhaben noch immer skeptisch bis teilnahmslos gegenüber. Erst die Initiative einiger einflußreicher Bürger Hoyas brachte 1878 wieder Bewegung in die Bahnangelegenheit, zumal die alte Postkutschenverbindung nach Eystrup und der zeitaufwendige Speditionsverkehr nicht mehr vertretbar waren. So kam es am 21.6.1879 zur Gründung der Hoyaer Eisenbahn-Gesellschaft (HEG).

Das Baukapital in Höhe von 260.000 Mark wurde je zur Hälfte als Prioritäts- und Stammaktien gezeichnet. Die Prioritätsaktien hielt mit 100.000 Mark der Flecken Hoya, die restlichen 30.000 Mark der Kreis Hoya. Die Stammaktien wurden zu je 500 Mark an Privatleute ausgegeben. Selbst weniger betuchte Bürger kauften mit großem Interesse Aktien, obwohl für die nächsten Jahre kaum Aussicht auf eine Dividende bestand.

Am 24.5.1880 erhielt die HEG vom preußischen Minister für öffentliche Arbeiten die Konzession zum Bau und Betrieb einer Nebenbahn von Hoya nach Eystrup. Endlich konnte der Bahnbau beginnen.

Nach einem Entwurf des Baurats Plessner wurden sämtliche Arbeiten dem Eisenbahnunternehmer Vering – einem Mitinhaber der bekannten Hannoverschen Firma Vering & Waechter – übertragen. Am 5.5.1881 erfolgte der erste Spatenstich und nach nur wenigen Monaten konnte die 6,91 km lange Bahn am 23.11.1881 dem Betrieb übergeben werden.

Ausgangspunkt der neuen Bahn war der Kopfbahnhof Hoya nahe des gräflichen Parks am östlichen Ufer der Weser. Um die Bahnanlagen auch im Fall der alljährlich wiederkehrenden Hochwasserperioden stets trocken zu halten, hatte man das Planum auf eine Höhe von etwa 6 m über dem Normalpegel der Weser angehoben. In Richtung Eystrup senkte sich die Strecke allmählich auf das Höhenniveau der parallel verlaufenden Straße nach Hassel ab und lag damit etwa 50 cm unterhalb der 5,20 m hohen Weserdeiche. Zum Schutz des Bahnkörpers bei Überschwemmungen hatte man in gefährdeten Bereichen die Dammkrone mit flachen Steinen belegt und eiserne Schwellen eingebaut, um ein Aufschwimmen der Gleise zu verhindern.

Ansonsten bestand der Oberbau aus imprägnierten Kiefernschwellen, die in einer einfachen Kiesbettung verlegt waren. Das Gleis ließ ein Metergewicht von höchstens 6,5 t zu. Neben einigen kleineren Durchlässen mußten eine 5 m lange Eisenbrücke und eine 2 x 5 m lange Holzbrücke errichtet werden.

Ein Bauwerk ganz besonderer Art war die hölzerne, 426 m lange Flutbrücke über die Stempelake. Diese Brückenkonstruk-

Die Lok 3 der Hoyaer Eisenbahn-Gesellschaft mit einem gemischten Zug auf der Weserbrücke kurz vor dem Bahnhof Hoya Ende der fünfziger Jahre.   *Foto: Detlev Luckmann*

Eine der ersten Holzjochbrücken ihrer Art in Preußen war die 426 m lange Flutbrücke über die Stempelake. Die Aufnahme des Rowan-Dampftriebwagens der HEG entstand um 1890.
Sammlung: DEV

tion war eine der ersten Holzjochbrücken – auch „Trestleworkbrücke" genannt – in Preußen. Die Joche bestanden aus je 4 Stück Eichen-Rundholzpfählen, die bis zu 3,50 m tief eingerammt und zum Teil mit Diagonalstreben und Fußzangen ausgesteift waren.

Die restlichen Kilometer bis Eystrup wiesen keine besonderen Merkmale auf. Durchgehend in einer Kiesbettung verlegt führte der Schienenstrang im weiteren Verlauf durch den nördlichen Ortsbereich von Hassel, kreuzte kurz darauf die große Straße von Hannover nach Bremen und erreichte die Hasseler Führen, einen Nadelholzwald zwischen den Gemarkungen Hassel und Mahlen. Wenig später endete das Gleis vor dem Empfangsgebäude des Bahnhofs Eystrup an einem eigenen Bahnsteig.

Die ersten Betriebsjahre

Mit dem Ziel, das Aktienkapital möglichst niedrig zu halten, waren zunächst keine eigenen Betriebsmittel beschafft worden. Auf der Suche nach einem geeigneten Betriebsunternehmer wurde man sich schließlich mit der neugebildeten Lokaleisenbahn-Betriebsgesellschaft in Hamburg einig, gegen eine jährliche Pauschalvergütung von 22.000 Mark die notwendigen Betriebsmittel zu stellen. Ferner war die Pächterin laut Vertrag für die Unterhaltung der Bahn zuständig, führte den Fahrdienst durch und besoldete das Personal. Die HEG stellte ihrerseits die Betriebsleitung und das Stationspersonal, finanzierte die vorgeschriebenen Rücklagen für den Erneuerungs- und Reservefonds und trug die Kosten für die allgemeine Verwaltung.

Die Ausrüstung der HEG war denkbar bescheiden. An Gebäuden gab es nur das zweigeschossige Stationsgebäude in Hoya mit einer Grundfläche von 124 qm, einen 70 qm großen Güterschuppen und ein zweiständiges Maschinenhaus mit einer Länge von 26 m. Im Innern des Stationsgebäudes waren neben dem Billet-Schalter, der Gepäckexpedition und einem Dienstraum zwei Warteräume 2. und 3. Klasse vorhanden. Im Obergeschoß befanden sich die Wohnungen eines Unterbeamten und des Stationsvorstehers, der in Personalunion gleichzeitig Betriebsleiter war.

Ursprünglich waren in Hoya nur drei Weichen vorhanden. Die zum Drehen der Dampftriebwagen notwendige Drehscheibe übernahm die Verbindung zu weiteren Gleisen für die Werkstatt. In Eystrup konnten die Gebäude der Staatsbahn für eine geringe Gebühr mitbenutzt werden, ansonsten gab es auch hier neben wenigen Weichen wiederum eine Drehscheibe. Beide Endbahnhöfe waren durch eine eigene Morse-Telegrafenanlage miteinander verbunden, deren Leitung an den Masten der Reichstelegrafenleitung aufgehängt war. Außerdem verfügten beide Bahnhöfe, den damaligen Vorschriften für den Nebenbahnbetrieb entsprechend, über Einfahrtsignale.

Ebenso wie die Baulichkeiten entsprachen auch die von der Lokaleisenbahn-Betriebsgesellschaft bereitgestellten Fahrzeuge einfachster Konstruktion. Anstelle üblicher Lokomotiven waren zwei Dampftriebwagen vom Typ „Rowan" beschafft worden, die sowohl den Personen- als auch den Güterverkehr versahen. Neben den

Lok 2 vor einem Personenzug aus Eystrup am oberen Bahnsteig in Hoya im März 1952, im Hintergrund die Weserbrücke.   *Foto: Wilfried Biedenkopf*
Solch lange Züge verkehrten auf der HEG! Da hatten die C-Kuppler, wie hier die Lok 2 im Jahr 1957 in Hoya, schwer zu schleppen.   *Foto: Detlev Luckmann*

Lok 2 hat mit einem GmP aus Eystrup den Bahnhof Hoya erreicht (um 1957).

Von der Waggonfabrik Hansa stammte der Triebwagen T 2, der ab 1954 den Personenverkehr versah (Hoya, 1961).

Fotos: Detlev Luckmann

Auf ein gepflegtes Äußeres der Lokomotiven legte das Personal der HEG Wert. Am 13.9.1960 präsentierte sich die 1914 von Hanomag gebaute Lok 2 in Hoya.
Foto: Detlev Luckmann

beiden Dampftriebwagen standen noch je zwei gedeckte und offene Güterwagen für den Bahnbetrieb bereit.

Die geteilte Verwaltung der HEG bewährte sich nicht. Schon frühzeitig kam es zu Meinungsverschiedenheiten, die in zunehmendem Maße eine sinnvolle Zusammenarbeit erschwerten. Wesentlich gravierender aber war die Tatsache, daß sich die finanziellen Verhältnisse mehr und mehr zu Ungunsten der Hoyaer Eisenbahn-Gesellschaft entwickelten. Um diesen Zustand zu beenden, entschloß sich die HEG, den bestehenden 10-jährigen Betriebsüberlassungsvertrag vorzeitig zum 1.2.1883 zu kündigen. Gleichzeitig wurde eine Summe von 75.000 Mark bereitgestellt, um die vorhandenen Betriebsmittel zu erwerben. Das Geld hierfür hatte man in Höhe von 100.000 Mark von der Sparkasse Hoya geliehen, von denen 25.000 Mark für die Restfinanzierung der Strecke vorgesehen waren. Damit erhöhte sich das Anlagenkapital auf eine Summe von 360.000 Mark.

Der Güterverkehr kam auf der HEG nur langsam in Schwung, wie es die Bilanzen der ersten beiden Betriebsjahre belegen. So wurden 1882/83 neben 37.977 Personen nur 11.372 t Güter befördert. Der Grund für das geringe Aufkommen war die noch immer mißtrauische Einstellung zur Eisenbahn. Noch immer zog man es vielfach vor, seine Fracht den etablierten Fuhrunternehmern anzuvertrauen. Erst nach Übernahme der Staatsbahntarife zur Jahreswende 1883/84 konnte durch preisgünstige Angebote allmählich das Beförderungsaufkommen im Güterverkehr gesteigert werden. So war es 1884 erstmals möglich, eine Dividende von 4,5 % an die Halter der Prioritätsaktien zu zahlen, nachdem zuvor nicht einmal die volle statutenmäßig vorgeschriebene Bedienung des Erneuerungs- und Reservefonds möglich gewesen war.

In den folgenden Jahren nahm vor allem der Güterverkehr auf der HEG deutlich zu. Transportiert wurden in der Hauptsache Kohlen, Briketts, Kalk und Düngemittel sowie Getreide und Vieh. Die anhaltende günstige Entwicklung im Güterverkehr brachte genügend Einnahmen, um das Aktienkapital zu verzinsen und die Beförderungstarife zu halten.

Schwierigkeiten hatte die HEG trotz der 5,20 m hohen Weserdeiche mit den fast alljährlich wiederkehrenden Überschwemmungsperioden, die sich besonders in den Herbst- und Wintermonaten einstellten. Fast immer überflutete das Wasser für mehrere Tage die Landstraße Hoya—Hassel und damit auch die in fast gleicher Höhe verlaufende Bahnstrecke. Nach dem Rückfluß des Wassers blieben trotz eingebauter Stahlschwellen und befestigter Bettung Schäden am Oberbau zurück, die sogleich ausgebessert werden mußten. In den Jahren 1887-89 stieg der Wasserpegel mehrmals sogar auf eine Höhe von mehr als 6 m, so daß der Bahnbetrieb mitunter tagelang eingestellt werden mußte. Die daraus resultierenden Einnahmeeinbußen lagen bei 9.000 Mark.

Der neue Gemeinschaftsbahnhof in Hoya

Nach dem Bau der meterspurigen Kleinbahn Syke—Hoya, die am 6.7.1900 in Betrieb genommen wurde, hatte Hoya einen zweiten Bahnanschluß erhalten, doch beide Bahnhöfe waren durch die Weser getrennt und lagen weit auseinander. Übergangsreisende klagten alsbald über die schlechte Verbindung zwischen beiden Stationen. So mußten die Fahrgäste bei jedem Wetter mitsamt Gepäck einen etwa 1 km langen Fußweg zurücklegen. Nicht besser stand es um die Beförderung von Gütern. Jedes Frachtstück war von Hand auf Fuhrwerke umzuladen, über die Weser zu bringen und anschließend bei der jeweiligen Nachbarbahn neu aufzugeben. Neben hohen Kosten entstand ein hoher Zeitaufwand; und nicht selten soll es vorgekommen sein, daß Frachtstücke verlorengingen.

Um diesen auf Dauer untragbaren Zuständen abzuhelfen, kam der Gedanke einer neuen Weserbrücke auf. Während die Kleinbahn Hoya-Syke-Asendorf (HSA) mit großem Interesse diesen Plan verfolgte, verhielt sich die HEG zurückhaltend. Man fürchtete die drohende Konkurrenz der HSA.

Hinzu kam, daß hier zwei unterschiedlich organisierte Bahngesellschaften aufeinandertrafen. Die kleine HEG galt schon immer als verlängerter Arm der Staatsbahn und war straff preußisch organisiert. Das oft als Spielball privater Aktionäre bezeichnete Eisenbahnunternehmen fürchtete in Anbetracht des möglicherweise bevorstehenden Brückenbaues um seine Eigenständigkeit und sah sich ins Abseits gedrängt. Ganz anders hingegen die Kleinbahn Hoya-Syke-Asendorf; schmalspurig und fast familiär im Charakter sah man in einem Gemeinschaftsbahnhof nur Vorteile.

Im August 1907 wurde der Beschluß gefaßt, 610.000 Mark für den Bau einer eisernen Brücke über die Weser zur Verfügung zu stellen. Ferner sollte mit diesem Betrag ein Teil eines 1,6 km langen regelspurigen Verbindungsgleises zwischen beiden Bahnhöfen finanziert sowie die Gleisanlagen im Bereich des HSA-Endbahnhofs erweitert werden.

Die HEG stellte erst nach langem Zögern einen spärlichen Betrag von nur 40.000 Mark zur Verfügung, so daß das Bauvorhaben um weitere 2 Jahre aufgeschoben wurde. Erst im Jahr 1910 konnte schließlich mit dem Bau der Brücke begonnen werden (näheres hierzu im Kapitel über die HSA).

Auf dem westlichen Weserufer entstand als Ersatz für den alten HEG-Bahnhof eine großzügig ausgebaute normalspurige Anlage mit separatem Bahnsteig, einem Umsetzgleis, einem Wagenschuppen und einem zweiständigen Maschinenhaus mit Drehscheibe und angegliederter Werkstatt. Der neue Bahnhof lag direkt gegenüber den Schmalspurgleisen der HSA auf einem gut 2 m höheren Niveau, bedingt durch die Nähe des Bahnhofs zur benachbarten Weserbrücke, die mit Rücksicht auf die Weserschiffahrt recht hoch gelegt worden war. Gleichzeitig hatte man das Stationsgebäude der HSA umgebaut und zu einem Gemeinschaftsbahnhof erweitert.

Die offizielle Inbetriebnahme der neuen Brücke fand am 6.10.1912 statt. Somit hatte der alte HEG-Bahnhof ausgedient. Um 10.52 Uhr verließ letztmalig ein Zug die alte Bahnstation in Richtung Eystrup. Auf dem Weg zurück nach Hoya befuhr der Dampftriebwagen bereits die neue Weserbrücke und wurde um 11.55 Uhr mit Ansprachen und Musik im neuen Bahnhof empfangen.

Noch am selben Tag trat ein zwischen beiden Bahnen geschlossener Gemeinschaftsvertrag in Kraft. Die HEG verkaufte den alten, östlich der Weser gelegenen Bahnhof mitsamt dem Grundstück, dem Güterschuppen und dem Maschinenhaus für eine Summe von 15.000 Mark an den Flecken Hoya. Für den alten Bahnhof hatte sogar ein Kaufangebot über 20.000 Mark vorgelegen. Da es sich bei dem Interessenten jedoch um einen Privatmann handelte, lehnte der Aufsichtsrat der HEG mit der Begründung ab, daß man die Gleisanlagen auch in Zukunft bestehen lassen wolle.

Die HEG im Wandel der Zeit

Trotz aller Befürchtungen seitens der HEG erwies sich der Gemeinschaftsbahnhof in Hoya schon bald als eine segensreiche Einrichtung. Anstelle von erwarteten Verkehrsrückgängen nahmen die Beförderungszahlen sowohl im Personen- als auch im Güterverkehr deutlich zu. Dieser Entwicklung waren die beiden Dampftriebwagen bald nicht mehr gewachsen, so daß 1912 eine gebrauchte, 3-achsige Tenderlok in Dienst gestellt wurde. Als 1914 eine weitere 3-achsige, jedoch fabrikneue Tenderlok beschafft wurde, konnten die Dampftriebwagen abgestellt werden.

Mitte der 20er Jahre kamen Überlegungen auf, die normalspurige Strecke Eystrup — Hoya über die Ortschaften Wechold, Eitzendorf und Martfeld bis nach Schwarme zu verlängern, um auf diese Weise den verkehrsmäßig abgelegenen Nordkreis zu erschließen. Die HEG stand dem Vorhaben sehr aufgeschlossen gegenüber und glaubte, mit einer längeren Strecke gleichzeitig auch als stärkerer Partner gegenüber der Kleinbahn Hoya-Syke-Asendorf auftreten zu können. Obwohl mehrfach über diese Pläne berichtet wurde, sind konkrete Schritte allerdings nicht unternommen worden.

Die unterschiedlichen Spurweiten beider Bahnen behinderten von Beginn an einen wirtschaftlichen Betriebsablauf. Obwohl nach der Inbetriebnahme des neuen Bahnhofs in Hoya nur noch einmal umgeladen werden mußte, blieben weiterhin viele potentielle Kunden — vor allem solche mit leicht zerbrechlichen Waren — der Eisenbahn fern. Auch machten sich zunehmend die hohen Kosten für das Umladen in den Bilanzen bemerkbar, so daß 1925 erstmals konkrete Planungen zur Umspurung der HSA aufkamen. In den Folgejahren war dieses Thema wiederholt Gegenstand von Gesprächen auf politischer Ebene. Erst im Jahr 1940 konnte durch die Einführung des Rollbockbetriebes auf der HSA ein Teilerfolg erzielt werden.

In den 30er Jahren machte sich in zunehmendem Maße die Konkurrenz des Straßenverkehrs bemerkbar. Obwohl der Besitz eines Autos damals noch als Privileg der besser gestellten Bevölkerungsschichten galt, war die aufkommende Gefahr für die Eisenbahn nicht zu übersehen. Diese

Der Triebwagen T 2 ist am oberen Bahnsteig in Hoya zur Fahrt nach Eystrup bereitgestellt worden. Im Juni 1963 war die HEG noch ein gefragtes Verkehrsmittel. Foto: Dr. Rolf Löttgers

Tatsache galt besonders für den Güterverkehr, wo zunehmend private Fuhrunternehmer mit neuen Lastwagen der Bahn Frachten entzogen. Um dieser Entwicklung entgegenzuwirken, war eine weitreichende Rationalisierung des Bahnbetriebs unumgänglich. So beschaffte die Hoyaer Eisenbahn-Gesellschaft 1936 einen zweiachsigen Dieseltriebwagen, der in den Hauptverkehrszeiten durch einen angehängten Personenwagen verstärkt wurde. Mit dem neuen Triebwagen konnte der kostenintensive Dampflokeinsatz erheblich reduziert werden.

Während des 2. Weltkriegs nahm die Zahl der beförderten Personen stark zu. Wieder zeigten sich die unterschiedlichen Spurweiten als bedeutende Schwachstelle im Übergang zwischen beiden Bahnen. Als Bombenangriffe auf die Stadt Bremen einen geregelten Zugverkehr dort unmöglich machten, wurde die gesamte Verbindung Syke — Hoya — Eystrup zur strategisch wichtigen Strecke erklärt. An den Rollbockgruben herrschte fortan Hochbetrieb. Tag und Nacht fuhren Güterzüge zwischen Syke und Eystrup. Noch in den letzten Kriegstagen begannen Pioniere, die Strecke Syke — Hoya auf Regelspur umzubauen. Die Arbeiten mußten jedoch eingestellt werden und die gesamte Strecke war nicht mehr befahrbar.

Obwohl der Schienenweg zwischen Syke und Eystrup für den Durchgangsverkehr nicht mehr zur Verfügung stand und auch sonst keine nennenswerten strategischen Objekte vorhanden waren, sprengte die Deutsche Wehrmacht am 7.4.1945 die Ei-

So sah der Triebwagen T 1 der HEG nach seiner Ablieferung im Jahre 1936 aus! Durch die Bemühungen des DEV steht er nach einer gründlichen Aufarbeitung seit 1985 wieder für den Sonderverkehr zur Verfügung, aufgenommen am 7.7.1985 bei Eystrup auf seiner alten Stammstrecke.
Foto: Ludger Kenning

senbahn- und auch die Straßenbrücke in Hoya, um das Vorrücken der Alliierten aufzuhalten. Damit war auch der Eisenbahnverkehr zwischen Eystrup und Hoya unterbrochen.

Schon bald nach Kriegsende erfolgte die Bergung der im Fluß liegenden Brückenteile. Mit einem Kostenaufwand von 360.000 Reichsmark wurde unter Verwendung brauchbarer Brückensegmente mit der Wiederherstellung des Weserübergangs begonnen und nach mehr als 2-jähriger Unterbrechung befuhr am 17.10.1947 erstmals ein Zug die wiederaufgebaute Brücke.

Mit dem Aufleben der Wirtschaft im Nachkriegsdeutschland nahm auch der Verkehr auf der HEG wieder zu. Was sich schon vor dem Krieg in unbedeutenden Ansätzen gezeigt hatte, sollte diese hoffnungsvolle Entwicklung jedoch schon bald wieder bremsen. Steigende Zulassungszahlen privater Pkw machten sowohl der HEG als auch der HSA zunehmend zu schaffen. Hinzu kam die Einrichtung privater Buslinien, die der Bahn weitere Fahrgäste entzogen. Um dieser Tendenz entgegenzusteuern, mußte die Attraktivität auf der Schiene durch moderne Fahrzeuge und einen verbesserten Fahrplan gesteigert werden. Eingeleitet wurden diese Maßnahmen durch Verbesserungen an den Gleisanlagen und die Beschaffung eines modernen Triebwagens. 1954 lieferte die Bremer Firma Hansa ein solches 2-achsiges Fahrzeug, das 1958 durch einen Beiwagen verstärkt wurde.

Die beiden Triebwagen waren in Anbetracht der nur 8 km langen HEG-Strecke natürlich nicht ausgelastet. Wie zahlreiche andere niedersächsische Privatbahnen, so führte auch die HEG Auftragsfahrten für die DB durch. So gab es beispielsweise während des Sommerfahrplans 1960 die Zugpaare 4167/4164 in den Morgenstunden zwischen Eystrup und Langwedel sowie 4166/4169 am Abend zwischen Eystrup und Nienburg. Der Triebwagen fuhr jeweils mit einem Beiwagen. Auf der HEG verkehrten im gleichen Jahr 11 Zugpaare mit Triebwagen, die werktags durch 3 lokbespannte Personenzugpaare ergänzt wurden.

In den 50er Jahren geriet auch der Güterverkehr unter den Druck des wachsenden Straßenverkehrs. Private Speditionen sorgten mit günstigen Tarifen und vor allem wesentlich kürzeren Beförderungszeiten für einen starken Rückgang des Frachtaufkommens. So wurden Mitte der 50er Jahre sowohl bei der HEG als auch bei der HSA gerade noch 65.000 t befördert, — zu wenig, um auf Dauer bestehen zu können. Wieder einmal machte sich das altbekannte Problem der verschiedenen Spurweiten bemerkbar. Sollte die Bahn auch in Zukunft Bestand haben, mußte alsbald eine Umspurung der Kleinbahn Hoya-Syke-Asendorf erfolgen, um kürzere Beförderungszeiten zu erreichen und einen höheren Anteil im Durchgangsverkehr zu gewinnen. Zusätzliche negative Auswirkungen gingen von der getrennten Betriebsführung beider Strecken aus. Trotz eines Gemeinschaftsvertrages und eines gemeinsamen Bahnhofs in Hoya waren beide Bahnen völlig selbständige Unternehmen. Beide Eisenbahnbetriebe verfügten über getrennte Güterabfertigungen, Werkstätten, Lokschuppen und natürlich auch Verwaltungen.

Die getrennte Organisationsform für die Gesamtstrecke Syke — Eystrup geriet zunehmend ins Kreuzfeuer der Kritik und so wurden Stimmen laut, die eine Fusion beider Unternehmen forderten, verbunden mit dem regelspurigen Ausbau der Strecke Hoya — Syke. Damit kam eine Diskussion in Gang, die letztlich nur eine Stillegung — zumindest der Schmalspurbahn — oder aber eine Neuorientierung des Schienenverkehrs zur Folge haben konnte. Nach zahlreichen Gesprächen auf allen Ebenen gewann schließlich der Gedanke einer Fusion beider Bahnen an Boden. Am 20.6.1963 schlossen sich beide Gesellschaften unter dem neuen Firmennamen „Verkehrsbetriebe Grafschaft Hoya" (VGH) zusammen. Damit waren die Weichen für einen durchgehend regelspurigen Schienenweg zwischen Syke und Eystrup gestellt.

Lokomotiven und Triebwagen der HEG

Zur Betriebseröffnung im Jahr 1881 standen der HEG zwei Dampftriebwagen vom Typ „Rowan" zur Verfügung. Die Maschinenanlage war von Borsig in Berlin gefertigt worden und bestand im wesentlichen aus einem drehbar gelagerten, 2-achsigen Triebwerk mit darüberstehendem, mit Koks gefeuerten Kessel. Der hölzerne Wagenkasten stammte von der dänischen Firma Skandia. Die Höchstgeschwindigkeit war mit 30 km/h angegeben, ein Wert der aufgrund der zugelassenen Streckengeschwindigkeit von nur 15-20 km/h vollkommen ausreichte.
Technische Daten der Rowan-Triebwagen:
Länge: 11,25 m
Sitzplätze: 8 (II. Klasse), 30 (III. Klasse)
Dienstgewicht: 13,5 t
Reibungsgewicht: 11 t
max. Kesseldruck: 13 atü (bar)
Zylinderdurchmesser: 230 mm
Treibraddurchmesser: 330 mm

Die beiden Dampftriebwagen waren in der Lage, bis zu 4 Personen- oder Güterwagen über die relativ ebene Strecke zu ziehen, so daß in der Regel ein ausreichendes Platzangebot bestand. Um bei Wartungsarbeiten und planmäßigen Untersuchungen nicht gleich einen der Wagen für längere Zeit aus dem Betrieb nehmen zu müssen, wurde im Jahr 1904 von der Firma Hanomag eine Ersatzdampfmaschine beschafft. So war es möglich, stets zwei betriebsfähige Fahrzeuge bereitzuhalten.

Nach der Jahrhundertwende waren vor allem im Güterverkehr deutliche Steigerungen zu verzeichnen. Waren es um 1900 maximal 30.000 t jährlich, so stieg dieser

Platz für lange Züge bietet der Bahnsteig von Eystrup, wo im August 1962 der damals weinrot lackierte HEG-Triebwagen T 1 auf Fahrgäste wartete.
Foto: Reinhard Todt

Bei Hassel, wo im Sommer 1961 die Aufnahme des T 1 entstand, hat die HEG die Weserauen verlassen und wendet sich nach einer Rechtskurve in Richtung Eystrup (Triebwagen T 1 auf dem Weg nach Eystrup).   *Foto: Reinhard Todt*

Dampflokomotiven und Triebwagen der Hoyaer Eisenbahn-Gesellschaft (HEG)

Lok-Nr.	Bauart	Baujahr	Hersteller	Fab.-Nr.	Bemerkungen
Dampftriebwagen:					
1	B-1	1881	Borsig	3796	um 1914 ausgemustert
2	B-1	1881	Borsig	3797	um 1914 ausgemustert
Dampflokomotiven:					
2	C-n2t	1914	Hanomag	7312	1963 an VGH, 1966 ausgemustert
3	C-n2t	1889	Union	468	1912 ex KPEV Breslau (6143), 1963 an VGH, 1964 ausgemustert
4	D-n2t	1925	Hanomag	10132	1936 verkauft
Dieseltriebwagen:					
T 1	A1	1936	Gotha		1963 an VGH, betriebsfähig
T 2	A1	1954	Hansa		1963 an VGH, 1976 an Deutschen Eisenbahnverein, 1983 an Kleinbahnfreunde Varel (heute: Kleinbahn Leeste e.V.)

Zur Verstärkung des Platzangebots verkehrte der T 1 in der Regel mit dem Beiwagen TA 1, der heute eine Bereicherung für den sporadischen Personenverkehr auf der VGH darstellen würde (Hoya, Sept. 1959). Foto: Reinhard Todt

Wert bis 1910 auf über 140.000 t an. Diesem Frachtaufkommen waren die Dampftriebwagen nicht mehr gewachsen, so daß man sich nach einer Dampflok umsah. Im Jahr 1912 ergab sich die günstige Gelegenheit, eine gebrauchte 3-achsige Lok vom Typ T3 zu erwerben. Die im Jahr 1889 für die Preußische Staatsbahn gebaute Lok hatte zuletzt der Eisenbahn-Direktion Breslau gedient und erhielt bei der HEG die Nr. 3.

Mit der Dampflok wurde in den Folgejahren hauptsächlich der Güterverkehr abgewickelt, während im Personenverkehr die Dampftriebwagen weiterhin zum Einsatz kamen. Erst nach dem Ankauf einer zweiten 3-achsigen Lok im Jahr 1914 konnte auf die inzwischen 33 Jahre alten Dampftriebwagen verzichtet werden. Die zweite Dampflok der HEG war fabrikneu von der Firma Hanomag geliefert worden und hatte die Nr. 2 erhalten. Sie glich äußerlich weitgehend der vorhandenen Lok 3.

Die beiden C-Kuppler waren für die Verhältnisse auf der Hoyaer Eisenbahn wie geschaffen. Sie galten als sparsam und waren den anstehenden Verkehrsaufgaben durchaus gewachsen. Lediglich in Spitzenzeiten machte sich ihre geringe Zugkraft als Mangel bemerkbar. So wurde im Jahr 1925 eine größere Maschine mit der Achsfolge D fabrikneu von der Firma Hanomag gekauft. Ob sie als Ersatz für die 1912 von der KPEV übernommene Lok 3 vorgesehen war, ließ sich nicht klären.

Auf der HEG-Strecke bewährte sich diese leistungsfähige Lok jedoch nicht, da sie für den leichten Oberbau zu schwer war und somit nur selten eingesetzt werden konnte. 1936 wurde sie nach nur 11 Betriebsjahren wieder verkauft.

Aufsehen erregte die Beschaffung eines 2-achsigen Dieseltriebwagens von der Waggonfabrik Gotha im Jahr 1936. Es handelte sich hierbei um ein Fahrzeug in Leichtbauweise mit einer Motorleistung von 65 PS. Die Hoyaer Zeitung schrieb in einer Sonderbeilage am 5.12.1936:

*Im August 1961 rangierte die Lok 3 der HEG in Hoya, im Hintergrund der Güterschuppen.
Foto: Reinhard Todt*

*Seltenes Glück war es, gleich beide Dampfloks der HEG vor der Drehscheibe im oberen Bahnhofsbereich aufnehmen zu können: HEG-Lokomotiven 2 (links) und 3 (rechts) am 20.4.1960.
Foto: Detlev Luckmann*

Zu VGH-Zeiten waren solche Betriebssituationen planmäßig: Während der T 2, der noch das HEG-Zeichen trug, die Strecke nach Eystrup bediente, versah der T 3 der VGH den Personenverkehr auf der bereits umgespurten Strecke nach Bruchhausen-Vilsen, aufgenommen am 24.7.1965 in Hoya.   Foto: Dr. Rolf Löttgers

„... Der Triebwagen ist am vergangenen Donnerstagnachmittag in Hoya eingetroffen. Der Wagen legte die etwa 300 km lange Strecke von Gotha nach Hoya per eigener Achse zurück.

Der neue Diesel-Triebwagen macht in seinem blau-elfenbeinfarbigen Anstrich einen schmucken Eindruck. An beiden Längsseiten des Wagens befindet sich das Hoyaer Stadtwappen.

Die Länge des Wagens beträgt über die Stirnwände etwa 10,5 Meter, die Breite des Wagens 3 Meter; die Wagenhöhe wird mit 3,5 Meter angegeben. Der Triebwagen kann die Höchstzahl von 80 Personen befördern. Auch für den Transport von Fahrrädern ist Raum geschaffen.

Die Inneneinrichtung der Wagen ist sehr zweckmäßig; die Bänke sind zwar nicht gepolstert wie der große Triebwagen der Kleinbahn, aber sie sind mit dickem Polsterplüsch bezogen, so daß die Bänke recht bequem sind. An den Seitenwänden des Wagens sind die Gepäcknetze angebracht. Große Fenster lassen das Licht hereinfluten und die in die Decke eingelassenen Beleuchtungskörper geben jedem Sitzplatz ausreichendes Licht. Die Innenwände des Wagens sind mit Edelholz verschalt. Der Fußboden ist mit marmoriertem Linoleum belegt. Die Einstiegstüren sind durch starke Gummileisten gesichert, so daß ein Einklemmen der Finger nicht möglich ist. Der Fahrgastraum ist von beiden Führerständen völlig abgetrennt. Für reichliche Entlüftungsmöglichkeiten ist neben den herablaßbaren Fenstern reichlich Sorge getragen.

In der kalten Jahreszeit kann der Wagen durch eine Warmwasserheizung erwärmt werden. Der Ofen für die Warmwasserheizung befindet sich unterhalb des Wagenbodens.

Um den Bremsvorrichtungen die größtmögliche Sicherheit zu geben, verfügt der Führerstand auch über eine Sandstreuvorrichtung.

Auch für den Laien interessant ist die Einrichtung des Führerstandes. An jeder Stirnwand des Wagens befinden sich die für den Betrieb erforderlichen Einrichtungen. Die Warnungssignale können teils mit dem Typhon gegeben werden, teils durch ein mit Preßluft betriebenes Läutewerk. An beiden Führerständen befinden sich die erforderlichen Manometer, sowie die Geschwindigkeitsmesser und Prüfgeräte zur Überwachung des Motors.

Der Motor, der unter dem Wagenfußboden aufgehängt ist, ist ein 65 PS starker Dieselmotor, Fabrikat Daimler-Benz. Der in Gummilagern und Spiralfedern aufgehängte Motor hat eine überaus ruhige Arbeitsweise."

Soweit die Sonderbeilage der Hoyaer Zeitung. Durch den Einsatz des für die damalige Zeit modernen Triebwagens konnte im Personenverkehr nun weitgehend auf den Einsatz von Dampflokomotiven verzichtet werden.

Im Jahr 1954 wurde mit dem T 2 ein zweiter Triebwagen in Dienst gestellt. Es handelte sich hierbei um ein 2-achsiges Fahrzeug der Firma Hansa, das – wie der 4 Jahre später gelieferte Beiwagen TA 2 – ohne Inneneinrichtung an die HEG geliefert worden war. In der bahneigenen Werkstatt wurden beide Wagen komplettiert und gemeinsam mit dem T 1 im Personenverkehr eingesetzt.

In den Folgejahren kamen die noch vorhandenen Dampflokomotiven fast ausschließlich vor Güterzügen zum Einsatz. Die Triebwagen versahen den Personenverkehr und liefen zudem im Rahmen von Auftragsfahrten auf Strecken der DB.

Nach der Fusion der HEG und der HSA am 20.6.1963 gingen die beiden Dampflokomotiven 2 und 3 sowie die beiden Triebwagen T 1 und T 2 ins Eigentum der VGH über, an ihren Einsätzen änderte sich jedoch zunächst nichts.

Die Kleinbahn Hoya-Syke-Asendorf (HSA)

Vorgeschichte

Die schwach besiedelte Region im Südosten der Stadt Bremen war schon immer ausgesprochen landwirtschaftlich orientiert. Die Menschen lebten in Bescheidenheit und waren bis weit in das vorige Jahrhundert hinein fast ausschließlich auf Selbstversorgung angewiesen. Einen wesentlichen Beitrag zur Abgeschiedenheit dieser ländlichen Region leisteten zweifellos die unzureichenden Verkehrsverhältnisse. Die 1881 eröffnete Hoyaer Eisenbahn schloß nur den östlichen Teil der Grafschaft Hoya an das Eisenbahnnetz an.

Die Landwirtschaft des westlichen Kreisgebietes befand sich gegen Ende des vorigen Jahrhunderts in einer ernsten Krise, nicht zuletzt bedingt durch die damaligen Verkehrsverhältnisse. So wurden zunehmend Stimmen laut, die einen Anschluß an die 1873 eröffnete Hamburg-Venloer Eisenbahn forderten.

HSA-Personenzug mit Güterbeförderung in Heiligenfelde wenige Jahre nach der Betriebsaufnahme. Kleinbahnmäßig war das Gleis neben der Chaussee trassiert. Sammlung: Gerd Ohle

In Uenzen benutzte die HSA das Planum der Dorfstraße mit. An stolzen Gehöften vorbei und durch eine prächtige Allee führte die Schmalspurbahn nach Hoya.
Foto: Reinhard Todt (August 1962)

Ein erster Versuch, die Flecken Bruchhausen und Vilsen mit der Hauptbahn zu verbinden, hatte man um das Jahr 1890 unternommen. Damals fanden erste Gespräche mit Vertretern der Städte Bassum und Syke statt, die den Bau einer regelspurigen Nebenbahn zum Ziel hatten. Das 1892 erlassene preußische Kleinbahngesetz ermöglichte den wirtschaftlichen Betrieb von Eisenbahnen der einfachsten Ausführung selbst in abgelegenen Regionen. In Anbetracht dieser neuen Gegebenheiten bildete sich 1896 ein Komitee aus Kaufleuten und Verwaltungsbeamten, um den Bau einer Kleinbahn zwischen Syke und den Ortschaften Bruchhausen und Vilsen zu fördern. Vorgeschlagen wurden zwei Varianten:

„Der eine, obere Weg führt von Vilsen auf die breite, aber einsame, vorwiegend aus militärischen Gründen gebaute sogenannte große Chaussee, welche von Nienburg nach Syke geht, und diese entlang nach Syke. Der andere, untere, genannt ‚über die Dörfer', führt die Landstraße entlang von Bruchhausen und Vilsen über Berxen, Uenzen, Süstedt und Wachendorf nach Heiligenfelde, wo er auf die große Chaussee trifft."

Obwohl im Zuge der großen „Militärstraße" kaum nennenswerte Ortschaften

Ländliche Idylle bei Berxen, wo das Gleis neben einem Feldweg verlegt worden ist: HSA-Güterzug nach Hoya im September 1961 zwischen Uenzen und Berxen.
Foto: Reinhard Todt

berührt wurden, erhielt die direkte Streckenführung zunächst den Vorzug. Bald mußte man jedoch erkennen, daß eine wirtschaftliche Führung des Bahnbetriebs nur dann zu erreichen war, wenn möglichst viele Orte einen Bahnhof erhalten würden. Die Mehrzahl der Interessenten stand hinter dieser Auffassung und vertrat ferner die Ansicht, die Bahn gleich über Bruchhausen bzw. Vilsen hinaus bis nach Hoya zu führen, um dort Anschluß an die Hoyaer Eisenbahn zu gewinnen.

Nun wurde man auch in Hoya aktiv, bildete ebenfalls ein Komitee und versuchte, gemeinsam mit den Interessenvertretern aus Bruchhausen und Vilsen den Eisenbahnbau in die Wege zu leiten. Trotz aller Bemühungen konnte zwischen beiden Gruppen zunächst keine Einigung erzielt werden und es bildete sich ein drittes Komitee, um eine eigenständige Kleinbahn von Bruchhausen nach Hoya zu projektieren, die in Bruchhausen mit der geplanten Linie nach Syke verbunden werden sollte.

Trotz aller Irritationen entschieden sich die Gemeinden des Kreises Hoya letztlich für ein gemeinsames Eisenbahnprojekt von Hoya über Bruchhausen nach Syke. Für den Bau der Strecke wurden sei-

An diesem warmen Sommertag verlegte der Heizer seinen Sitzplatz ins Freie, während sich der Zugführer auf dem Zwischenwagen niedergelassen hatte. Der Güterzug nach Asendorf wurde im August 1961 bei Vilsen beobachtet.   Foto: Reinhard Todt

tens der betroffenen Orte hohe Geldbeträge bereitgestellt. Selbst die Stadt Syke, die sich lange geweigert hatte, einer Streckenführung über die Dörfer zuzustimmen, gab einen Betrag von 100.000 Mark, obwohl bereits seit Jahren die Schienen der Hamburg-Venloer Bahn den Ort berührten.

Planung und Bau

Nachdem weitgehende Einigung erzielt worden war, machte die Stadt Syke ihre Unterstützung ganz unerwartet von neuen Bedingungen abhängig. Sozusagen als Entschädigung für eine Streckenführung über die Dörfer verlangte man ein besonderes Betriebsamt für Syke. Derartige Vorstellungen stießen allerdings auf wenig Gegenliebe, so daß die Verhandlungen mit Syke schon bald abgebrochen wurden. Um die Eisenbahnfrage trotz dieser Umstände nicht ins Stocken zu bringen, beschränkten sich die weiteren Planungen zunächst auf das Hoyaer Kreisgebiet. Den Vorstellungen der Gemeindevertreter zufolge sollte die Kleinbahn aus Richtung Hoya zunächst nur bis zur Kreisgrenze bei Süstedt gebaut werden, um sie später einmal bis Kirchweyhe, einem Ort an der Hauptbahn Osnabrück – Bremen, weiterzuführen.

In Syke hielt man jedoch auch weiterhin eine Kleinbahn entlang der Straße nach Nienburg für erforderlich. Anstelle diese – wie ursprünglich geplant – nach Bruchhausen bzw. Hoya zu führen, kam die Ortschaft Asendorf ins Spiel, wo soeben eine Molkerei und ein Konsumverein gegründet worden waren. Die Vorstellungen der Stadt Syke fanden in dem landwirtschaftlich nicht unbedeutenden Asendorf großes Interesse, so daß sich neben dem Projekt Hoya – Bruchhausen – Süstedt ein weiteres Vorhaben Syke – Heiligenfelde – Asendorf entwickelte.

Obwohl die beiden Strecken auf weiten Teilen nur wenige Kilometer weit auseinander lagen und somit fast gleiche Wirtschaftsräume erschlossen, hielten beide Parteien an ihrem Vorhaben fest, druckten entsprechende Denkschriften und versuchten anhand von detaillierten Wirtschaftlichkeitsberechnungen ihren jeweiligen Standpunkt zu untermauern.

Schließlich konnte sich das Projekt Hoya – Bruchhausen – Süstedt (– Kirchweyhe) durchsetzen. Die Vorteile lagen klar auf der Hand. Während die Strecke Syke – Asendorf kaum nennenswertes Bevölkerungspotential erschloß (2.926 Einwohner in 8 Gemeinden) und nur eine Poststelle berührte, gab die Strecke über die Dörfer immerhin 7.176 Einwohnern aus 9 Gemeinden einen Eisenbahnanschluß. Hinzu kam, daß neben 6 Poststellen die Domäne und Oberförsterei in Memsen und die Ortschaften Bruchhausen und Vilsen mit der Meliorationsgenossenschaft und Sitz des Amtsgerichts erschlossen wurden.

Nach weiteren Verhandlungen konnte ein Kompromiß gefunden werden. So erklärte sich schließlich auch die Stadt Syke bereit, dem Weg über die Dörfer zuzustimmen. Damit das inzwischen so engagierte Asendorf nicht auf der Strecke blieb, wurde der Bau einer Seitenlinie von Bruchhausen nach Asendorf in die Planungen mit aufgenommen. Am 16.11.1897 konnte die Kleinbahn Hoya – Syke – Asendorf (HSA) als GmbH gegründet werden.

Dank der unermüdlichen Vorarbeit Hoyas waren die Finanzierungsfragen schnell geklärt. Das Stammkapital war mit einer Summe von 1.162.000 Mark festgeschrieben und anteilig von den Kreisen und den von der Bahn berührten Orten zu tragen. Das Land Preußen beteiligte sich mit einem beachtlichen Betrag von 250.000 Mark. Einen Monat später wurde der HSA per 18.12.1897 die Genehmigung nach dem Preußischen Kleinbahngesetz von 1892 erteilt.

Vor Baubeginn kam es noch mehrfach zu Planungsänderungen. Anstatt die Gleise auf dem Planum vorhandener Straßen zu verlegen, wurde, bis auf wenige Ausnahmen, ein eigener Bahnkörper trassiert. Ferner wurden einige Steigungen erheblich abgeflacht und enge Kurven nach Möglichkeit begradigt. Diese Trassierung sollte einen späteren Umbau auf Normalspur vereinfachen. Entgegen ursprünglichen Vorstellungen kam ein stärkeres Schienenprofil zum Einbau. Alle Änderungen gegenüber der ursprünglichen Planung waren mit dem preußischen Staat abzustimmen.

Im Vergleich zur benachbarten regelspurigen Allertalbahn mußte jedoch festgestellt werden, daß allein von den Baukosten her mit dem doppelten Betrag pro Kilometer zu rechnen war. Für ein Normalspurgleis wurden 82.000 Mark angesetzt, für eine Meterspurbahn dagegen nur 37.000 Mark. Bei der geringen Verkehrser-

Die Lok 33 „Bruchhausen" drückt am 31.10.1955 einen Personenzug vom Bahnsteig in den Abstellbereich des Bahnhofs Hoya zurück.   Foto: S. Overbosch
Mit einem Güterzug passiert die Lok 31 „Hoya" im August 1962 den Bahnhof Steimbke. Für den Fotografen war es nicht schwierig, den Zug mit dem Fahrrad zu verfolgen.
Foto: Reinhard Todt

Genauso kurvenreich wie die Landstraße schlängelte sich auch die HSA bei Wachendorf durch den Wald; — eine stimmungsvolle Szene vom Sommer 1964. Foto: Detlev Luckmann

wartung konnte nach der Berechnung der HSA nur der Bau einer Schmalspurbahn in Betracht kommen, zumal die Umladekosten seinerzeit noch sehr gering waren. Abstand nahm die HSA auch von einem ursprünglich vorgesehenen Weserübergang in Hoya, der einen direkten Anschluß an die HEG ermöglicht hätte.

Wenig später wurde mit den Bauarbeiten begonnen. Die teilweise sehr hügelig trassierte Strecke am Nordrand des Geestrückens erforderte mitunter umfangreiche Erdarbeiten, die größtenteils von Hand durchgeführt werden mußten. Lediglich für den Transport des Bodenaushubs standen vereinzelt dampfbetriebene Feldbahnen im Einsatz.

Im April 1900 wurden die ersten Betriebsmittel an die neue Kleinbahn ausgeliefert. Die Syker Zeitung berichtete in ihrer Ausgabe vom 18.4.1900:

„Die ersten Lokomotiven für unsere Kleinbahn, nämlich zwei Stück, werden morgen auf dem hiesigen Bahnhof (Syke) eintreffen. Dieselben werden alsdann sofort zu einer Probefahrt in Benutzung genommen werden.

Am nächsten Sonntag sollen noch zwei weitere Lokomotiven hierselbst eintreffen."

Am 11. Mai fand eine erste offizielle Bereisung der neuen Strecke statt und gut 3 Wochen später, am 6.6.1900, die offizielle Eröffnung. Auch über dieses Ereignis war in der Syker Zeitung ausführlich zu lesen:

„Bei herrlichstem Wetter traten gestern Morgen die hiesigen Teilnehmer an der Eröffnungsfeier der Kleinbahn ihre Reise nach Hoya an, woselbst die offizielle Fahrt ihren Ausgang nahm. Sämtliche Stationen hatten Festschmuck angelegt, in fast allen Ortschaften, die von der Bahn berührt werden, waren Ehrenpforten errichtet und hatten sich Vereine, Schulen etc. zur Begrüßung eingefunden. Besonders schön war das hübsche Bahnhofsgebäude in Bruchhausen-Vilsen geschmückt, in dessen hellen luftigen Räumen die Teilnehmer aus dem Kreise Syke die Ankunft des Asendorfer Zuges erwarteten.

Nach der Ankunft in Hoya wurde den nunmehr sämtlich versammelten Festgästen, ca. 100 an der Zahl, seitens der Bahnverwaltung im Stationsgebäude ein Frühstück verabreicht, worauf gegen halb zwölf Uhr die Eröffnungsfahrt angetreten wurde. Als der Zug auf der Station Maidamm am Bruchhauser Marktplatze anlangte, nahm Herr Bürgermeister Knese-Bruchhausen Gelegenheit zu einer kurzen Begrüßungsrede, in der er die Eröffnung der Bahn begrüßte und die Hoffnung ausdrückte, daß dieselbst sich zum Segen der Landwirtschaft und Industrie gedeihlich entwickeln möge. In Vilsen begrüßte Herr Bürgermeister Engelberg den ersten Zug. Bei der mit Ehrenpforten geschmückten Station Uenzen hatte sich die Schuljugend mit den Herren Lehrern eingefunden. In Süstedt waren außer den Schulkindern der Gesangverein und der Kriegerverein anwesend. Herr Vorsteher Güber feierte das Ereignis in einer Ansprache. In Heiligenfelde war der Schützenverein mit Musik zur Begrüßung erschienen.

Gegen 1 Uhr traf der Festzug in Syke ein. Bei dem im Hansahause stattfindenden Frühstück ergriff alsdann der Herr Bürgermeister Meyer das Wort, um die Herren in Syke herzlich willkommen zu heißen. Auf der

Rückfahrt nach Asendorf, wo der Zug gegen 3 1/2 Uhr eintraf, hatte sich namentlich in Heiligenberg sehr viel Publikum eingefunden.

In Asendorf selbst warteten auf die Theilnehmer noch besondere Überraschungen. Fast die ganze Bevölkerung war auf der Haltestelle vertreten. Die Schulen, Gesang-, Schützen- und Kriegerverein sowie die freiwillige Feuerwehr bildeten mit einem Musikchor und ihren Fahnen Spalier. Durch die weißgekleideten Ehrenjungfrauen wurden nach der Ansprache des Frl. Beermann die Theilnehmer mit herrlichen Blumensträußen geschmückt. Die Dekoration der Haltestelle war eine wirklich schöne. Zwölf mit frischem Grün umwundene hohe Masten, die durch Guirlanden miteinander verbunden waren und außerdem reichen Flaggenschmuck zeigten, zogen sich längs des Geleises hin."

Bücken erhält einen Bahnanschluß

Schon kurze Zeit nach Inbetriebnahme der Kleinbahn Hoya-Syke-Asendorf machte sich eine deutliche Belebung der Wirtschaft bemerkbar. Auch abseits gelegene Ortschaften drängten nun auf einen Eisenbahnanschluß. In Bücken, südlich von Hoya, hatte schon im Jahr 1882 großes Interesse am Zustandekommen einer Bahnverbindung bestanden. Damals wurden erhebliche Mittel zum Bau einer Pferdebahn bereitgestellt. Vom Marktplatz aus sollten die Gleise das Planum der Straße nach Hoya benutzen und dort nach Überqueren der Weser an die Gleise der HEG anschließen. Es wurde einige Zeit über dieses Vorhaben verhandelt, bevor es schließlich an technischen Schwierigkeiten scheiterte.

Die HSA stand den Eisenbahnwünschen des Fleckenkollegiums von Bücken wohlwollend gegenüber. Die nur 3,2 km lange Verbindung ließ sich ohne Schwierigkeiten herstellen, zumal die Kosten von insgesamt 86.000 Mark zu Lasten des Fleckens Bücken gingen. Am 1. 6. 1905 wurde die Strecke Hoya – Bücken nach nur

Der Versand von Schweinen zum Schlachthof nach Bremen hatte für die VGH noch im Jahr 1964 große Bedeutung. Heute werden derartige Transporte ausschließlich auf der Straße abgewickelt. Foto: Detlev Luckmann

Der „Pötjer" am Syker Güterschuppen im August 1958. Hier wurde die Ware in Empfang genommen, um anschließend auf den Dörfern angepriesen zu werden. Foto: Gerd Wolff

kurzer Bauzeit dem Verkehr übergeben. Über dieses Ereignis berichtete die Syker Zeitung:

"Gestern hat die landespolizeiliche Abnahme der 3,2 km langen Kleinbahnstrecke Hoya – Bücken stattgefunden. Hierzu waren Vertreter der verschiedenen Behörden erschienen. Der Flecken Bücken hatte anläßlich des für diesen Ort so erfreulichen Ereignisses geflaggt. Die Abnahme der Strecke vollzog sich glatt; die Bahnanlagen wurden in jeder Beziehung als tadellos befunden und der Betrieb wurde freigegeben. An die Abnahme schloß sich ein Frühstück im Bücker Hof, an dem etwa 60 Herren teilnahmen, an. Der fahrplanmäßige Betrieb der Strecke Hoya – Bücken wird am 1. Juni (Himmelfahrtstag) eröffnet."

Die Weserbrücke in Hoya

Nach dem Bau der HSA besaß Hoya – wie schon im Kapitel „HEG" beschrieben – zwei Bahnhöfe, die durch die Weser voneinander getrennt waren. Dieser Zustand ergab große Nachteile im Betriebsablauf. Ohne eine Gleisverbindung zwischen beiden Bahnen war auf Dauer kaum mit einem Durchgangsverkehr zu rechnen.

In der Folgezeit wurde wiederholt über dieses Thema beraten und die Presse berichtete jeweils über den Stand der Dinge, so wie die Syker Zeitung am 5.5.1905:

"Über die geplante Eisenbahnbrücke über die Weser hat der Kreistag in Hoya am letzten Mittwoch beraten. Bekanntlich handelt es sich dabei um die Weiterführung der Kleinbahn Hoya-Syke-Asendorf bis zum Bahnhofe der Hoyaer Eisenbahn. Die Kosten für die Überführung, die sich auf ca. 360.000 Mark belaufen, sollen nicht auf dem Wege einer Anleihe, sondern durch Erhöhung des Gesellschaftskapitals der Kleinbahn aufgebracht werden, durch Aktien, die teils vom Staat und der Provinz, teils von den beteiligten Kreisen und Gemeinden zu übernehmen sind. Wie wir erfahren, sind die Gemeinden Bruchhausen und Vilsen bereit, 15.000 Mark Aktien zu

Bis zu seiner Stillegung wurde der Bahnhof Bücken im Stückgutverkehr mit einem HSA-Triebwagen bedient.
Sammlung: DEV-Archiv
Unten: Aus der Anfangszeit der HSA stammte der vierachsige Personenwagen 560 (Mai 1956).
Foto: Reinhard Todt

*Über ein stattliches Bahnbetriebswerk verfügte die HSA in Hoya, wo im August 1962 der T 62 vor dem Schuppen stand.
Foto: Reinhard Todt*

*Die früheren Bw-Anlagen der HSA dienen heute als Busdepot und Werkstatt. Als Anfang der sechziger Jahre diese Aufnahme entstand, lag der Dampfbetrieb in den letzten Zügen.
Foto: Detlev Luckmann*

Der Personenzug aus Syke ist im Bahnhof Hoya eingetroffen (3.8.1957). Foto: Alfred Spühr
Viehverladung in Uenzen im Sommer 1964: Als die HSA noch keine Triebwagen hatte und die Züge in der Regel als GmP fuhren, verursachten solche Ladetätigkeiten stets erhebliche Verzögerungen.
Foto: Detlev Luckmann

zeichnen, Bücken 5.000 Mk., der Flecken Hoya 30.000 Mk. Der Kreisausschuß hatte nun vorgeschlagen, daß der Kreis Hoya für 70.000 Mk. Aktien übernimmt. Dieser Vorschlag wurde einstimmig angenommen. Mit den oben erwähnten Aktienzeichnungen zusammen wäre ein Drittel der Anschlagsumme garantiert; es soll nun versucht werden, zu erreichen, daß die Provinz und der Staat die noch fehlenden zwei Drittel der Bausumme als Aktien übernehmen."

Gleichzeitig mit den Plänen zum Bau der Weserbrücke kam auch der Vorschlag in die Diskussion, die Kleinbahnstrecke in Regelspur umzubauen, um damit eine durchgängige Bahnverbindung zwischen Syke und Eystrup zu schaffen. Zumindest aber sollte das Brückenbauwerk gleich so ausgelegt werden, daß das Lichtraumprofil auch für Regelspurfahrzeuge bemessen war.

Die Vorstellungen der HSA stießen bei der HEG auf nur wenig Zustimmung. Um aber die Dinge endlich ins Rollen zu bringen, übernahm die HSA die weitere Initiative und beschloß im August 1907, einen Betrag von 610.000 Mark für den Bau der Weserbrücke bereitzustellen. Gleichzeitig diente diese Summe anteilig der Finanzierung der 1,6 km langen Verbindungsstrecke in Regelspur, dem Ausbau des Kleinbahnhofs Hoya zu einem Gemeinschaftsbahnhof und zum Bau eines Anschlußgleises zum Hafen Hoya.

Die Verwaltung der HEG fühlte sich nun übergangen, da mit dem Bau eines neuen Gemeinschaftsbahnhofs ihre eigenen Anlagen überflüssig zu werden drohten. Die Vorstellungen der HSA führten schließlich zu schwerwiegenden Differenzen zwischen beiden Gesellschaften, so daß vorläufig keine weiteren Fortschritte zu erzielen waren.

Als einige Jahre später endlich eine Einigung getroffen werden konnte, verursachte der langwierige Genehmigungsprozeß weitere Verzögerungen. Erst im Jahr 1910, als der Anschluß zum Hafen Hoya längst im Betrieb stand, konnte mit den Brückenbauarbeiten begonnen werden.

Die Baukosten für die 140 m lange und 35 t schwere Eisenkonstruktion lagen bei 250.000 Mark. Der Überbau war in drei Segmente aufgeteilt. Das Mittelteil hatte eine Länge von 78 m und ruhte auf zwei massiven Strompfeilern. Die beiden anderen Brückenteile hatten eine Länge von 31 m und verbanden den mittleren Überbau jeweils mit den Ufern.

Am 6.10.1912 konnte das Bauwerk eröffnet werden. Gleichzeitig trat ein Gemeinschaftsvertrag zwischen beiden Bahnen in Kraft, der unter anderem auch die betriebliche Abwicklung im neuen Gemeinschaftsbahnhof Hoya regelte.

Weitere Projekte

Schon kurz nach Inbetriebnahme der neuen Weserbrücke kam das alte Thema Umspurung wieder ins Gespräch. 1912 wurde ein Kostenvoranschlag für den Umbau auf Regelspur und die Beschaffung neuer Betriebsmittel erstellt. Die hierbei ermittelten Kosten in Höhe von 1.580.000 Mark konnte die Kleinbahn keinesfalls allein aufbringen.

Im Zusammenhang mit der geplanten Umspurung stand auch eine Verlängerung des Asendorfer Zweiges bis nach Wietzen zur Diskussion. Dieser Plan war keineswegs neu. Eine Anbindung der Kleinbahn an die Staatsbahnstrecke Nienburg — Sulingen war zwar schon im Jahr 1907 beschlossen worden, nahm jedoch gegenüber dem Bau der Weserbrücke eine nachrangige Stelle ein. Für die HSA aber hatte die Streckenverlängerung nach Wietzen dennoch höchste Priorität. Neben einer weiteren Verknüpfung mit dem Streckennetz der Staatsbahn hätte der geplante Bahnbau den nicht sehr einträglichen Streckenast Bruchhausen-Vilsen — Asendorf erheblich aufgewertet.

In den 20er Jahren wurde ein Planfeststellungsverfahren sowohl für den Umbau auf Regelspur als auch für die Streckenverlängerung nach Wietzen eingeleitet, nachdem sich die finanzielle Lage der Bahn wieder deutlich erholt hatte. Die beteiligten Gemeinden und die Provinz Hannover unterstützten die Bemühungen der HSA und stellten entsprechende Geldbeträge in

Triebwagen T 63 der HSA im Bahnhof Hoya im März 1952. Der kurze Packwagen hatte eine zum Triebwagen passende Farbgebung und diente der Beförderung von Reisegepäck und Stückgut.
Foto: Wilfried Biedenkopf

Aussicht. Die preußische Regierung hielt sich jedoch zurück, vor allem bezüglich finanzieller Fragen. Dennoch beschloß der Kreis Grafschaft Hoya am 6.3.1926 die umgehende Verwirklichung dieses Projekts. Die Weltwirtschaftskrise beendete schließlich die Pläne.

Oben: Im August 1962, als die Aufnahme dieses aufgebockten Viehzuges in Syke entstand, hatte die Syker Hauptstraße noch Kopfsteinpflaster und die Schmalspurbahn gehörte zum alltäglichen Bild.
Rechte Seite: Im September 1961 passierte die Lok „Bruchhausen" den Haltepunkt Hoyerhagen. Hinter ihr läuft ein Wasserwagen zur Versorgung der HSA- und HEG-Dampflokomotiven. Da in Hoya die Wasserqualität zu wünschen übrig ließ, wurde das Speisewasser von Bruchhausen-Vilsen, wo man eine Fernleitung anzapfte, herbeigeschafft.
Fotos: Reinhard Todt

Bahnsteigszene im September 1961 am Endpunkt in Syke (mit Triebwagen T 63), wo die Kleinbahn auf dem Bahnhofsvorplatz der Hauptbahn endete.
Foto: Reinhard Todt

Ein kalter Wintertag am Bahnhof Syke, wo die Lok 31 „Syke" das Schuppengleis bediente. Nach einigem Rangieren ging es dann mit einem Güterzug zurück nach Bruchhausen-Vilsen. Der weitere Streckenverlauf bis Hoya war damals bereits umgespurt. Foto: Rolf Löttgers (1.3.1965)

Vor dem Bahnhof Bruchhausen-Vilsen verlief die aus Syke kommende HSA-Strecke in einem Einschnitt. Als hier der Talbot-Triebwagen T 65 im August 1962 aufgenommen wurde, beherrschten kleinere Autotypen als heute das Straßenbild.
Foto: Reinhard Todt

Den Talbot-Triebwagen T 65 übernahm die Hoya-Syke-Asendorfer Eisenbahn im Jahr 1959 von der Eckernförder Kreisbahn und gab ihn 1965 als Beiwagen an die Inselbahn Sylt ab (Hoya, August 1961).
Foto: Reinhard Todt

An warmen Sommertagen war es durchaus üblich, — wenn auch nicht erlaubt — die Triebwagentüren offen zu lassen. Das gibt es eben nur bei Kleinbahnen! Die Aufnahme des T 65 entstand im September 1961 bei Berxen auf der Fahrt nach Hoya.   *Foto: Reinhard Todt*

*Reges Bahnsteigleben in Berxen im September 1961, wo der Triebwagen T 65 auf dem Weg nach Hoya einen Zwischenhalt eingelegt hat.
Foto: Reinhard Todt*

Die Kleinbahn Hoya-Syke-Asendorf im Wandel der Zeit

Schon kurz nach Inbetriebnahme der HSA bestätigten sich alle Erwartungen. Vor allem die Landwirtschaft profitierte von den neuen Transportmöglichkeiten. Befördert wurden in der Hauptsache Kohlen und Briketts sowie Dünger und Baustoffe. Hinzu kamen landwirtschaftliche Produkte, wie Kartoffeln, Zuckerrüben, Futtermittel und auch Schweine. Der Viehtransport zum Schlachthof in Bremen erreichte zeitweise solche Ausmaße, daß wöchentlich bis zu 50 Wagenladungen anfielen.

Trotz aller Vorzüge kam es schon bald zu Klagen. So wurden die hohen Frachttarife von den Verladern angeprangert, die in keinem Verhältnis zu den Transportpreisen der Fuhrunternehmer standen. Je nach Beförderungsstrecke war für eine Doppelladung Kohle bis zu 23 Mark mehr zu zahlen. Nicht ohne Grund hielt sich das Güteraufkommen in Grenzen, da zumindest auf kurzen Strecken vielfach das Fuhrwerk vorgezogen wurde. Eine Übernahme der Staatsbahntarife erfolgte übrigens erst im Jahr 1956. Der Geschäftsbericht von 1904/05 vermerkt neben 147.541 Beförderungsfällen im Personenverkehr nur 43.050 beförderte Gütertonnen. Trotz dieses mäßigen Güteraufkommens belief sich der Überschuß auf immerhin 63.000 Mark.

Haltepunkt Syke Ort am 1.3.1965 (mit T 63): Im Zuge der Umspurung sollte die VGH nach dem Willen der Kirchengemeinde in diesem Bereich den Güterverkehr einstellen. Man fürchtete um die Kirche, die durch „Vibrationen" vorbeifahrender Züge Schaden erleiden könnte.
Foto: Rolf Löttgers

Der Triebwagen T 65 fuhr im September 1961 auf dem Weg zum DB-Bahnhof am „Hansa-Haus" in Syke vorbei. In dieser Gaststätte fanden seinerzeit die Eröffnungsfeierlichkeiten statt.
Foto: Reinhard Todt

Aber nicht nur die Frachttarife gaben Anlaß zu Beanstandungen. Vor allem in den ersten Betriebsjahren wurde immer wieder über schlechte Anschlüsse, Verspätungen, mangelnde Beförderungsqualität usw. geklagt. Auch wurde der Zustand so mancher Bahnstation als unzureichend empfunden. Der Hauptgrund für die Unzufriedenheit der Reisenden waren die oftmals langen Rangierzeiten in den Bahnhöfen, die einen geregelten Fahrplan so gut wie unmöglich machten. Um diesen unbefriedigenden Verhältnissen entgegenzuwirken, wurden Personen- und Güterverkehr im Jahr 1912 weitgehend getrennt.

Auch die Kleinbahn hatte in mancher Beziehung allen Grund zur Klage. Das größte Sorgenkind war der Streckenabschnitt Bruchhausen-Vilsen – Asendorf, der im Personenverkehr unbefriedigende Einnahmen verzeichnete. In Anbetracht sinkender Fahrgastzahlen wurde hier der Personenverkehr zum 1.4.1931 eingestellt und durch eine Buslinie von Bruchhausen-Vilsen über Asendorf nach Wietzen ersetzt. Hierfür hatte die HSA einen eigenen Bus beschafft, der täglich viermal nach

Die Bahnhofsanlagen von Hoya mit Triebwagen T 63 im September 1961, im Hintergrund ist das stattliche Empfangsgebäude der Kleinbahn zu erkennen, rechts liegen erhöht die Anlagen der HEG. Foto: Reinhard Todt

Asendorf und zweimal bis Wietzen fuhr.

Doch auch der Bus war nicht in der Lage, das Fahrgastaufkommen zu steigern, und so wurde die Personenbeförderung nach Asendorf zum 4.1.1932 ganz eingestellt. Die betroffene Bevölkerung reagierte mit massivem Widerstand gegen das Vorgehen der HSA und forderte die Wiederaufnahme des Schienenpersonenverkehrs. Die Proteste hatten schließlich Erfolg und nach einer Verbesserung des Fahrplans fuhren bald wieder Personenzüge bis Asendorf. Gleichzeitig sorgte die Bahn auch für eine Verbesserung im Güterverkehr.

Der dünn besiedelte Landstrich zwischen Syke und Hoya ließ aber auch dem Personenverkehr auf der Stammstrecke keine großen Chancen. Um die Wirtschaftlichkeit zu steigern, wurde im Jahr 1935 ein 4-achsiger Triebwagen der Waggonfabrik Wismar beschafft. Für die Verhältnisse auf der Kleinbahn war das mit gepolsterten Sitzen großzügig ausgestattete Fahrzeug schon etwas Besonderes. Neben seinem hohen Komfort zeichnete sich der neue Triebwagen vor allem durch geringe Be-

Eine ländliche Szene an der Birkenallee zwischen Uenzen und Süstedt, wo im August 1961 der Triebwagen T 63 unterwegs war.
Foto: Reinhard Todt

triebskosten aus. Für den Betrieb während der verkehrsschwachen Zeiten sowie auf den beiden Seitenlinien nach Bücken und Asendorf genügte auch ein kleinerer Triebwagen. Das Landeskleinbahnamt (LKA) in Hannover, seit 1924 Betriebsführerin der HSA, hatte seinerzeit den Bau eines preiswerten 2-achsigen Fahrzeugs angeregt, um den von ihr betreuten Bahnen ein Überleben im Personenverkehr zu sichern. 1937 wurde von der Waggonfabrik Wismar ein den Vorstellungen des LKA entsprechender 2-achsiger Triebwagen der Bauart „Hannover" an die HSA geliefert.

Weitere Fahrzeugbeschaffungen verhinderte zunächst der 2. Weltkrieg. Auch andere Investitionen, wie dringend erforderliche Erneuerungsarbeiten am Oberbau und an den Hochbauten, wurden für unbestimmte Zeit zurückgestellt. Trotz aller Schwierigkeiten konnte die HSA im Sommer 1940 den Rollbockverkehr einführen. Hierzu wurden in den Bahnhöfen Syke und Hoya Rollbockgruben errichtet und insgesamt 41 Rollböcke beschafft. Somit konnte in beträchtlichem Maße Personal eingespart werden.

*Triebwagen T 42 in Bruchhausen-Vilsen am 8.8.1958; mit dem Wismarer Schienenbus wurde damals die Strecke nach Asendorf bedient.
Foto: Gerd Wolff*

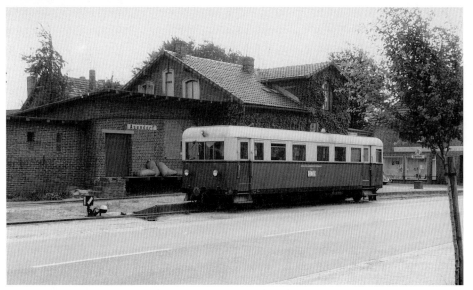

So sah zur HSA-Zeit der Endbahnhof Asendorf aus, der über ein massives Empfangsgebäude mit angebautem Güterschuppen verfügte (T 63, 15.7.1961.   Foto: Detlev Luckmann

Der Betrieb auf der Schmalspurbahn lief indessen trotz aller Schwierigkeiten weiter und erreichte sowohl im Personen- als auch im Güterverkehr Spitzenwerte. Nur mit Mühe konnten die hohen Anforderungen dieser Zeit bewältigt werden. Überall fehlte es an Personal, an geeigneten Betriebsmitteln und Ersatzteilen. Besonders problematisch wurde es in der Endphase des Krieges, als die Schmalspurbahn für umgeleitete Güterzüge der Reichsbahn verantwortlich war. Während dieser Zeit verkehrten rund um die Uhr Rollbockzüge zwischen Syke und Hoya.

Das umständliche und zeitraubende Aufbocken der Güterwagen in den beiden Endbahnhöfen sowie die damit verbundene geringe Transportleistung hatten sich schon in Friedenszeiten sehr negativ ausgewirkt. So rückten wenige Wochen vor Kriegsende Pioniere an, um die 28,8 km lange Strecke in aller Eile umzuspuren. In den Wirren der letzten Tage mußten die Arbeiten schon bald eingestellt werden. Ohne Anschluß an die Bahnhöfe Hoya und

Im Bahnhof Gehlbergen, den hier ein Güterzug nach Hoya durchfährt, lagen Anschlußgleise zu einem Kalksandsteinwerk (September 1961).
Foto: Reinhard Todt

Lok 33 „Bruchhausen" mit Viehzug in Bruchhausen Ost am 3.11.1962, der Gegenzug wird abgewartet.
Foto: Detlev Luckmann

Fahrplan zum Bruchhauser Markt

[Komplexer Fahrplan in Tabellenform mit Zugnummern 101–112, 1–30, 2–30, 40–72, 41–71 und Stationen: Wechold, Bücken, Hoya, Tivoli, Hoyerhagen, Gehlbergen, Bruchhausen-O., Marktpl., Bruchh./Vilsen, Berxen, Uenzen, Süstedt, Wachendorf, Heiligenfelde, Steimke-Z., Steimke-B, Syke-Ort, Syke, Helzendorf, Nordholz, Graue, Brebber, Asendorf, Arbste, Heiligenberg, Wiehe, Bruch./Vilsen, Marktpl.]

Syke blieben die teilweise demontierten Schmalspurgleise liegen und ein Zugverkehr war nicht mehr möglich.

Nach Kriegsende kam der Eisenbahnverkehr nur langsam wieder in Gang. An eine Fortführung der begonnenen Umspurung war in den ersten Nachkriegsjahren überhaupt nicht zu denken und so wurde der alte Zustand wiederhergestellt. Es dauerte noch Jahre, ehe der Bahnbetrieb wieder voll funktionsfähig war. Mit dem Wiederaufleben der HSA wurden im Einzugsbereich der Kleinbahn neue Buslinien eingerichtet, die sich zu einer ernsthaften Konkurrenz entwickelten. Um dieser Tendenz entgegenzusteuern, wurden in den 50er Jahren gebrauchte Triebwagen von anderen Bahnen übernommen. Sie sollten die Attraktivität der HSA steigern und ein Abwandern von der Schiene verhindern. Ferner konnte nun weitgehend auf den Einsatz von Dampflokomotiven im Personenverkehr verzichtet werden.

Oben: Fahrplan zum jährlich Ende August stattfindenden „Brokser Heiratsmarkt". Die Bahn gönnte sich nur 3 Stunden Nachtruhe, stellte den sonst geltenden Fahrplan ein und fuhr nur noch nach diesem — besonders dichten! — Sonderfahrplan.
Sammlung: Detlev Luckmann

Rechts: Bahnsteigszene an der Haltestelle „Marktplatz" in Bruchhausen-Vilsen, wo der T 65 zum „Brokser Markt" eingesetzt war (28.8.1962).
Foto: Detlev Luckmann

Umsteigebetrieb in Bruchhausen-Vilsen; am 1.6.1963 spielte der Busverkehr der HSA nur eine bescheidene Rolle.
Foto: Dr. Rolf Löttgers

Lok 32 „Syke" bei Rangierarbeiten im Bahnhof Syke am 15.7.1961 neben den Hauptbahngleisen Bremen – Osnabrück.
Foto: Detlev Luckmann

Anfang der 50er Jahre stieg die Kleinbahn selbst in das Busgeschäft ein und erhielt die Konzession für eine Buslinie von Bruchhausen-Vilsen nach Bremen. Mit dieser Direktverbindung hatte sich die Bahn selbst Konkurrenz geschaffen. Der Bus war nicht nur schneller, sondern auch billiger.

In den Folgejahren wurde der Busbetrieb stetig erweitert, während der Personenverkehr auf der Schiene eine rückläufige Tendenz aufwies. Dieser Trend beruhte jedoch keineswegs nur auf vermehrte Buslinien im Einzugsbereich der HSA, sondern war vielmehr eine Folge des zunehmenden Individualverkehrs. Mit der Auflösung zahlreicher Dorfschulen erhielt der Geschäftsbereich Bus weiteren Auftrieb. Auch der Schienenverkehr profitierte von dieser Entwicklung, konnte aber nur unwesentliche Zuwächse verzeichnen.

Die rückläufigen Tendenzen im Schienenpersonenverkehr zeigten ihre Auswirkungen vor allem auf den beiden Stichstrecken nach Bücken und Asendorf. Die Züge waren mitunter dermaßen schlecht besetzt, daß mehr Bahnpersonal als Reisende anzutreffen war. Am 29.5.1959 bestand zum letzten Mal die Gelegenheit, mit einem Triebwagen der Kleinbahn nach Asendorf zu fahren, ab 1.8.1960 war auch der Personenverkehr nach Bücken Geschichte.

Anfang der 50er Jahre geriet auch der Güterverkehr durch den stark zunehmenden Lastkraftwagenverkehr erheblich unter Druck. Die Kleinbahn war kaum noch konkurrenzfähig, nicht zuletzt bedingt durch die hohen Frachttarife. Als 1955 gerade noch 65.000 t befördert wurden, erfolgte die Umstellung des Tarifsystems auf das günstigere Niveau der DB. Ein weiterer Schritt, den Verkehr zu steigern, war die Übernahme der Betriebsleitung in eigene Hände. Mehr zufällig hatte sich diese Möglichkeit im Jahr 1959 ergeben, als das nach 1924 betriebsführende Landeskleinbahnamt in Hannover (ab 1945 Niedersächsisches Landeseisenbahnamt, NLEA) aufgelöst wurde. Die Betriebsführung nahm

Die Ortsdurchfahrt von Uenzen war stets ein besonders kleinbahnmäßiges und lohnendes Fotomotiv. Am 19.4.1960 fuhr der Wismarer Triebwagen T 63 nach Hoya.
Foto: Detlev Luckmann

die Gesellschaft nun in die eigene Hand. Das Unternehmen erhielt den neuen Namen „Hoya-Syke-Asendorfer Eisenbahn" (HSAE).

Mit der neuen Betriebsführung wurde eine schrittweise Modernisierung eingeleitet, um zumindest einen Teil der verloren gegangenen Kundschaft zurückzugewinnen. Neue Kunden waren auch dringend nötig, sollte der Bahnbetrieb weiterhin Bestand haben. Schon Mitte der 50er Jahre hatte das Landeskleinbahnamt erstmals eine Stillegung der Schmalspurbahn vorgeschlagen. Noch kurz vor Auflösung des NLEA hatte der damalige Betriebsleiter der Kleinbahn den Auftrag erhalten, die Stillegung vorzubereiten. Anstatt die Bahn jedoch einzustellen, wurden mit Übernahme der Betriebsführung u.a. Verladeeinrichtungen für Zuckerrüben installiert sowie Förderbänder bereitgestellt, um den Güterverkehr zu steigern. Eine weitere Maßnahme war die Gründung der „Hoyaer Spedition GmbH" zum 1.2.1960 als Tochtergesellschaft der HSAE. Mit den Lastwagen sollte der Zubringerverkehr zwischen den Kunden und den Bahnhöfen hergestellt werden. Trotz aller Anstrengungen blieb die erhoffte Wende jedoch aus. Der Güterverkehr konnte zwar kurzfristig deutlich gesteigert werden, doch für einen dauerhaften Fortbestand der Bahn reichte das Frachtaufkommen nicht aus.

Triebwagen der Kleinbahn Hoya-Syke-Asendorf (HSA)

Nr.	Bauart	Baujahr	Hersteller	Fab.-Nr.	Bemerkungen
T 40	AA	1937	Wismar	21108	1951 ex Cloppenburger Krb., umgespurt von 750 auf 1.000 mm, 1959 ausgemustert
T 42	AA	1936	Wismar	20265	1965 ausgemustert
T 62	(1A)'2'	1934	Wismar	10955	1955 ex Klb. Leer-Aurich-Wittmund, 1963 an VGH, 1967 ausgemustert
T 63	(1A)'2'	1935	Wismar	20249	1963 an VGH, 1967 ausgemustert
T 65	(1A)'(A1)'	1950	Talbot	94430	1959 ex Eckernförder Krb., 1963 an VGH, 1965 Umbau in VB, 1965 an Inselbahn Sylt
T 67	2'B'	1925	AEG/LHL		1952 ex Flensburger Krb., 1965 ausgemustert

Lokomotiven und Triebwagen der HSA

Die Grundausstattung der Meterspurbahn bestand aus vier C-gekuppelten Naßdampflokomotiven, die im Jahr 1899 von Hanomag geliefert wurden. Als besonderes Merkmal besaßen sie anstelle der üblichen Speichenräder Scheibenräder mit relativ großem Durchmesser. Die Feuerbüchse war in Kupfer ausgeführt, ansonsten verfügte der dampffreudige Kessel über die üblichen preußischen Armaturen in Form zweier Strube-Injektoren, Ramsbottom-Sicherheitsventil und Flachschieberregler. Als Bremse diente neben der Exterschen Handbremse ein Luftsaugsystem der Bauart Körting.

Anstelle von Betriebsnummern erhielten die Lokomotiven die Namen „Hoya", „Syke", „Vilsen" und „Bruchhausen". Mit zunehmendem Verkehrsaufkommen reichten die vier Lokomotiven jedoch bald nicht mehr aus, so daß in den Jahren 1902 und 1912 zwei weitere, bauartgleiche Maschinen („Asendorf" und „Bücken") von Hanomag nachgeliefert wurden.

Technische Daten der Dampflokomotiven:
Länge über Puffer: 7,06 m
Dienstgewicht: 22,5 t
max. Kesseldruck: 12 atü (bar)
Zylinderdurchmesser: 320 mm
Treibraddurchmesser: 920 mm
Kolbenhub: 500 mm
Rostfläche: 0,876 qm
Feuerbüchsfläche: 4,1409 qm

Über die Jahre hinweg genügten die sechs C-Kuppler allen Anforderungen. Als erste mußte gegen Ende des 2. Weltkriegs die Lok „Vilsen" den Dienst quittieren, gefolgt von der „Asendorf" im Jahr 1955. Längst standen für den Personenverkehr genügend Triebwagen zur Verfügung, so daß für die Beförderung der Güterzüge vier betriebsfähige Maschinen vollkommen ausreichten.

Der Triebwagen T 67 stand wegen seiner geringen Leistung und seiner veralteten Antriebstechnik nur selten im Einsatz (Hoya, Mai 1956). *Foto: Reinhard Todt*

Triebwagen T 63 nach Syke an der Haltestelle „Marktplatz" in Bruchhausen-Vilsen im September 1961. Ein Güterwagenaufbau diente als Fahrkartenausgabe, wenn einmal jährlich der „Brokser Heiratsmarkt" stattfand.
Foto: Reinhard Todt

Zwischenwagen für Rollbockzüge und ein Wasserwagen für die Versorgung der Dampflokomotiven (Hoya, September 1961).
Foto: Reinhard Todt

Im Bahnhof Gehlbergen bestand eine Drehscheibe als Anschluß zum Kalksandsteinwerk.
Foto: Detlev Luckmann

Als 1963 die HSA mit der HEG fusionierte und die Schmalspurbahn Syke — Hoya umgespurt wurde, verblieb den Dampfloks lediglich die nicht umgespurte Zweigstrecke nach Asendorf. Damit war das Ende für die Lokomotiven „Syke" und „Bücken" gekommen. Ihre Ausmusterung erfolgte in den Jahren 1964 und 1966. Mit Übernahme der beiden Dieselloks V 21 und V 22 von den Euskirchener Kreisbahnen im Jahr 1966 hatten auch die beiden noch verbliebenen Dampfloks „Bruchhausen" und „Hoya" ausgedient.

Im Sommer 1966 bot der Deutsche Kleinbahn-Verein (später Deutscher Eisenbahn-Verein) erstmals Sonderzugfahrten auf der Schmalspurbahn zwischen Bruchhausen-Vilsen und Heiligenberg an. Mit der Lok „Bruchhausen" und einem zweiachsigen Personenwagen wurden an fünf Betriebstagen mehr als 1.000 Fahrgäste befördert. Doch schon ein Jahr später drohte die neue Museumsbahn mit Ablauf der Untersuchungsfristen der Lok „Bruchhausen" wieder einzugehen. Nur durch das Entgegenkommen der VGH, ihre noch vorhandene Lok „Hoya" den Museumsbahnern zur Verfügung zu stellen, konnte Schlimmstes verhütet werden. Die in wirtschaftlich vertretbarem Rahmen nicht mehr aufzuarbeitende Lok „Bruchhausen" wurde später in Bruchhausen-Vilsen als Denkmal aufgestellt, während die „Hoya" noch heute dem DEV zur Verfügung steht.

Im Jahr 1935 hatte die HSA mit dem T 63 ihren ersten Triebwagen von der Waggonfabrik Wismar erhalten. Es handelte sich hierbei um ein 4-achsiges Fahrzeug vom Typ „Mosel" mit einer Motorleistung von 160 PS. Der Triebwagen war ohne weiteres in der Lage, mehrere Personenwagen mitzuführen, so daß ein Teil der bisher lokbespannten Personenzüge ersetzt werden konnte.

Für schwach genutzte Zugfahrten in den Tagesrandlagen aber reichte auch ein kleiner, 2-achsiger Triebwagen mit einer wesentlich geringeren Motorleistung aus. So wurde schon ein Jahr später vom gleichen Hersteller ein Schienenbus der Bauart „Hannover" beschafft und als T 42 eingereiht. Der T 42 war ein überaus sparsames Fahrzeug mit einer gewissen Ähnlichkeit mit einem Straßenbus. Der tragende Teil bestand aus einem verschweißten Gitterrahmen, der Wagenkasten aus verschweißtem Stahlblech. In beiden Vorbauten befanden sich jeweils zwei Ford-Vergasermotoren mit einer Leistung von je 40-45 PS.

In den 50er Jahren verkehrten neben den Triebwagen noch immer dampfgeführte Personenzüge mit völlig veralteten Personenwagen. Um den Reisenden einen besseren Komfort bieten zu können und zumindest im Personenverkehr ohne Dampflokomotiven auskommen zu können, gelangten weitere, allerdings gebrauchte Triebwagen zur HSA. Am 18. 4. 1951 konnte ein zweiter Schienenbus der Bauart „Hannover" von der Cloppenburger Kreisbahn zum Preis von 11.500 DM übernommen werden. Der grün-elfenbeinfarbene, mit zwei 50-PS-Ford-Motoren ausgerüstete Triebwagen wurde von 750 mm auf 1.000 mm umgespurt und erhielt bei der HSA die Nr. T 40.

Mit dem T 62 kam im Jahr 1955 ein vierter Triebwagen der Waggonfabrik Wismar zur HSA. Dieser 4-achsige Wagen hatte zuletzt bei der Kleinbahn Leer-Aurich-Wittmund in Dienst gestanden. Im Äußeren entsprach er weitgehend dem bereits vorhandenen T 63, war aber bei einer Länge von 10,95 m um etwa 2 m kürzer. Mit einer Motorleistung von 145 PS konnte der T 62 ebenso wie der T 63 zusätzliche Personen- und Güterwagen mitführen.

Neben den vier Wismarer Wagen stand ab 1952 der T 67 im Dienst der HSA. Er war einer der ersten mit Verbrennungsmotoren ausgerüsteten Triebwagen Deutschlands, gebaut im Jahr 1925 in Zusammen-

Als am 15.7.1961 der T 63 in Heiligenberg stand, war das Ende des Asendorfer Zweiges abzusehen, — doch dann kam alles ganz anders! Foto: Detlev Luckmann

arbeit zwischen den Linke-Hofmann-Werken und der AEG. Ausgerüstet war der im Jahr 1952 von der Flensburger Kreisbahn übernommene Vierachser mit einem Mercedes-Motor mit einer Leistung von PS. Über ein mechanisches Getriebe wurde die Antriebskraft auf ein stangengekuppeltes Drehgestell übertragen. Für den Zugbetrieb auf der HSA spielte der T 67 aufgrund seiner geringen Motorleistung jedoch keine große Rolle. Schon Mitte der 50er Jahre diente er überwiegend als Reservefahrzeug oder machte sich im Rangierdienst nützlich.

Im Jahr 1959 wurde letztmalig ein Triebwagen in den Bestand der HSA übernommen. Der T 65 war ein im Jahr 1950 bei Talbot gebauter Vierachser, der zuletzt der Eckernförder Kreisbahn gehört hatte. Der nur wenige Jahre alte Triebwagen entsprach der Meterspurversion eines Typenprogramms der Aachener Waggonfabrik Talbot, das vor allem für nichtbundeseigene Eisenbahnen entwickelt worden war. Mit einer Leistung von 2x100 PS war der T 65 zweifellos das modernste Fahrzeug, das die HSA zu bieten hatte.

Dampflokomotiven der Kleinbahn Hoya-Syke-Asendorf (HSA)

Nr.	Name	Bauart	Baujahr	Hersteller	Fab.-Nr.	Bemerkungen
31	Hoya	C-n2t	1899	Hanomag	3341	1963 an VGH, 1968 an DEV
32	Syke	C-n2t	1899	Hanomag	3342	1963 an VGH, 1964 ausgemustert
	Vilsen	C-n2t	1899	Hanomag	3343	1945 ausgemustert
33	Bruchhausen	C-n2t	1899	Hanomag	3344	1963 an VGH, 1966 als Leihgabe an DEV, 1971 Denkmal in Bruchhausen-Vilsen
34	Asendorf	C-n2t	1902	Hanomag	3812	1955 ausgemustert
35	Bücken	C-n2t	1912	Hanomag	6612	1963 an VGH, 1966 ausgemustert

Die Verkehrsbetriebe Grafschaft Hoya (VGH)

Die Fusion

Anfang der 60er Jahre standen sowohl die Hoya-Syke-Asendorfer Eisenbahn (HSAE) als auch die Hoyaer Eisenbahn-Gesellschaft (HEG) unter erheblichem Konkurrenzdruck des immer stärker werdenden Individualverkehrs. Beide Bahnen waren schon seit langem kaum noch wettbewerbsfähig. Ein großes Problem waren vor allem die unterschiedlichen Spurweiten, die praktisch jeden nennenswerten Durchgangsverkehr unmöglich machten. Hinzu kamen hohe Kosten für den Rollbockbetrieb. Im Zusammenhang mit neuen Bremsbestimmungen war der Kleinbahn im Jahr 1961 eine Umrüstung der Rollböcke auferlegt worden. Hierfür allein mußte eine Summe von 150.000 Mark aufgebracht werden.

Neben den unterschiedlichen Spurweiten erschwerte die getrennte Betriebsführung beider Bahnen den Wettbewerb gegenüber der Straße. Trotz des bestehenden Gemeinschaftsvertrages hatten beide Gesellschaften nur wenig Gemeinsamkeiten. Beide unterhielten eigene Bahnbetriebswerke, eigene Fahrzeuge usw. Das Personal für die Fahrkartenausgabe und die Güterabfertigung in Hoya hatte vertragsgemäß die HEG zu stellen. Diese Tatsache führte immer wieder zu Meinungsverschiedenheiten zwischen beiden Bahnverwaltungen. So fertigte die HEG möglichst alle in Hoya aufkommenden Wagenladungen über Eystrup ab, obwohl ein Teil hiervon eigentlich der HSAE zugefallen wäre. Der damalige Betriebsleiter der HSAE, Dipl.-Ing. Wilhelm Leder, bereitete dem Ärgernis ein Ende und führte den Tarifpunkt „Hoya West" ein.

Für zusätzliche Probleme sorgte die Weserbrücke. Nach einem Vertrag von 1912 hatte die HEG für jeden Güterwagen, der die Brücke passierte, eine Gebühr zu entrichten. Obwohl diese Gebühr nach ihrer Einführung im Jahr 1912 praktisch unverändert geblieben war, machte die HEG bei jeder Gelegenheit in der Öffentlichkeit darauf aufmerksam. Selbst in den Frachtbriefen wurde die Brückenbenutzung gesondert ausgewiesen, geradezu so, als habe man gegenüber der HSAE eine Art mittelalterlichen Pflasterzoll zu entrichten.

Die Organisationsform des Eisenbahnwesens zwischen Syke und Eystrup geriet angesichts dieser Zustände zunehmend in den krassen Gegensatz zu den Anforderungen an ein modernes Verkehrsmittel. Es mußte dringend etwas geschehen, wollte man den Schienenverkehr langfristig sichern.

Um die Bahn wieder attraktiv zu machen, mußten beide Unternehmen zusammengeführt und die Schmalspurbahn endlich umgespurt werden. Vor diesem Hintergrund hatte das niedersächsische Finanzministerium schon im Jahr 1956 ein Gutachten anfertigen lassen, um die Notwendigkeit für den Erhalt beider Strecken

VGH-Triebwagen T 63 am Bahnsteig in Heiligenfelde im September 1964. Der Zugführer gibt vom Fernsprecher aus die Zugmeldung durch. Foto: Reinhard Todt

Übergangsbetrieb in Bruchhausen-Vilsen im April 1964 zur Zeit der Umspurung; auf dem neuen Dreischienengleis (links) stehen der regelspurige T 2 und der schmalspurige T 65, rechts die Triebwagen T 62 und 63.
Foto: Gerd Wolff

zu klären. Vermutlich dürfte das Ergebnis dieser Untersuchung nicht im Sinne der Landesregierung ausgefallen sein. Schon damals stand man in dem nördlichen Bundesland den vielen Kleinbahnen nicht gerade wohlgesonnen gegenüber. Nicht selten wurde den NE-Bahnen jegliche finanzielle Hilfe versagt, um sie zum Aufgeben zu zwingen. Auch im Falle der HSAE und der HEG hatte man offensichtlich in diese Richtung taktiert und mit einem möglichst schlechten Ergebnis gerechnet. Doch die Gutachterin mußte feststellen, daß die Eisenbahnverbindung zwischen Syke und Hoya sowohl im Personen- als auch im Güterverkehr weiterhin wichtige Funktionen zu erfüllen habe.

Die Verwaltungen beider Bahnen sahen sich in ihrer Auffassung bestärkt, den Bahnbetrieb unter neuen Vorzeichen weiterzuführen. Um einen möglichst objektiven Überblick über die Entwicklungschancen der Eisenbahn zwischen Syke und Hoya zu erhalten, wurden seitens der Bahnverwaltungen weitere Gutachten in

Übergangsbetrieb auch in Hoya am ehemaligen HEG-Bahnsteig (am 28.10.1966): links der T 4 nach Eystrup, dahinter der T 3 nach Syke.
Foto: Rolf Löttgers

Ein halbes Jahr nach der Umspurung entstand zwischen Bruchhausen-Vilsen und Bruchhausen Ost die sommerliche Aufnahme des ehemaligen HEG-Triebwagens T 1 (September 1964). Mit Schotter hatte man, wie bei vielen Kleinbahnen, gespart.   Foto: Reinhard Todt

Wenige Monate nach Umspurung der Schmalspurbahn zwischen Bruchhausen-Vilsen und Syke fuhr der T 2 entlang der Kopfsteinpflasterstraße bei Berxen, aufgenommen im September 1966.
Foto: Reinhard Todt

Blick auf das Gaswerk von Bruchhausen-Vilsen im April 1964. Heute befindet sich hier die Fahrzeughalle der Museumsbahn. Das Gleis rechts führt nach Asendorf. Foto: Gerd Wolff
Nach der Umspurung gelangten auch die Normalspurtriebwagen vor das Empfangsgebäude von Hoya (T 1, September 1964). Foto: Reinhard Todt

Auftrag gegeben. Die Ergebnisse sollten als Argumentationsgrundlage dienen, um die angestrebte Fusion und den regelspurigen Umbau durchzusetzen.

Das Resultat der drei weiteren Gutachten bestätigte weitgehend die Forderung nach einem Erhalt der Bahnen. Neben den Entwicklungsmöglichkeiten wurden u.a auch die möglichen Konsequenzen für den Fall aufgezeigt, daß es nicht zu einer Fusion und einer Umspurung der Schmalspurbahn kommen sollte. Das Gutachten der Firma Lavezzari aus Hamburg bemerkte hierzu:

"Die Zeit der Schmalspurbahnen, soweit sie nicht etwa einem ganz begrenzten Zwecke dienen (z.B. Rübenbahnen oder dergleichen), ist vorüber. Die Abmessungen der Betriebsmittel und ihre Achsdrücke nehmen ständig zu, schon jetzt bedarf die Verladung der großen Selbstverlader auf Rollböcke einer besonderen Genehmigung.

Entweder wird die HSAE normalspurig, oder sie geht ihrer Stillegung entgegen. Wird sie aber stillgelegt, dann sind auch die Tage der HEG gezählt, die ohne den gegenseitigen Zubringerverkehr nicht lange wird leben können. Die Stadt Hoya ist zu klein, als daß sie die Existenzmöglichkeit einer eigenen Anschlußbahn gewährleisten könnte. Daß die allein weiterexistierende HEG eine wesentliche Zahl von Verfrachtern der HSAE an sich ziehen würde, ist sehr unwahrscheinlich, vielmehr ist durchaus damit zu rechnen, daß diese zum überwiegenden Teil auf den Kraftwagen abwandern würden. Der Umbau ist somit unbedingt erforderlich."

Trotz einer weitgehend übereinstimmenden Beurteilung der wirtschaftlichen Lage kam eines der Gutachten zu dem Ergebnis, nur einen Teil der angestrebten Maßnahmen durchzuführen. Neben einer Fusion beider Unternehmen sollte lediglich der Streckenabschnitt von Hoya bis Bruchhausen-Vilsen auf Regelspur umgebaut werden. Ferner war die sofortige Stillegung des Abschnitts Syke – Heiligenfelde vorzusehen, während der verbleibende Rest der Schmalspurbahn sozusagen als Auslaufbetrieb noch für einige Zeit weiterbestehen sollte. Diese Art der Konsolidierung wurde in dem Gutachten sehr trefflich als „Prozeß der Gesundschrumpfung" bezeichnet.

Noch im Jahr 1962 zeichnete sich die bevorstehende Verwirklichung der geplanten Fusion ab. Gemeinsam hatten es die HEG und HSA mit dem Kreis Grafschaft Hoya und den beteiligten Gemeinden erreicht, daß weiterhin Züge zwischen Syke und Eystrup fahren konnten. Die Hoyaer Eisenbahn-(Aktien-)Gesellschaft wurde in eine GmbH umgewandelt und die Bilanzen beider Bahnen angeglichen. Am 1.1.1963 wurden die Betriebsleitungen zusammengelegt und schließlich mit Wirkung vom 20.6.1963 zu einem gemeinsamen Unternehmen mit der Bezeichnung „Verkehrsbetriebe Grafschaft Hoya" (VGH) zusammengefaßt.

Die Umspurung

Noch vor der Fusion waren Pläne für die Umspurung der Strecke Syke — Hoya entstanden. Nach den Vorstellungen des damaligen HSAE-Betriebsleiters Leder sollte nach der Fusion zunächst nur der Abschnitt Hoya — Bruchhausen-Vilsen umgebaut werden, ohne dabei aber den sich anschließenden Abschnitt bis Syke sowie die Seitenlinie nach Asendorf aus den Augen zu verlieren. Dieser taktisch kluge Vorschlag zielte vor allem darauf ab, die Politiker nicht durch zu hohe Kosten abzuschrecken. Sobald sich der Erfolg der Umspurung zeigen würde, sollte der Rest sozusagen „nachgeschoben" werden. Die Stichstrecke nach Bücken wurde dagegen zur Stillegung vorgesehen, zumal nur noch ein einziger Kunde bedient wurde. Das jährliche Defizit lag damals bei annähernd 10.000 Mark pro Jahr. Der letzte Güterzug verkehrte schließlich am 20.4.1963.

Für den Umbau der 11 km langen Strecke von Hoya nach Bruchhausen-Vilsen war ein Betrag von etwa 500.000 Mark ermittelt worden, während für die Fortsetzung bis Syke 1.500.000 Mark aufzubringen waren. Erste Vorarbeiten hatte die HSAE schon ab Ende der 50er Jahre geleistet. Bei fälligen Bauarbeiten an der Strecke waren ausschließlich Normalspurschwellen eingebaut worden. Im Lauf der Jahre waren auf diese Weise ohne Wissen des betriebsführenden Landeseisenbahnamtes große Teile der Strecke so weit vorbereitet, daß im Fall einer Umspurung lediglich die Schienen umgeschraubt werden mußten.

Anfang des Jahres 1961 wurden die Umspurungspläne der Kreisverwaltung des Kreises Grafschaft Hoya vorgelegt. Bereits am 6.2.1961 wurde einstimmig der Beschluß gefaßt, die geplante Fusion und die Umspurung finanziell zu unterstützen. Auch die 21 beteiligten Gemeinden stellten sich geschlossen hinter dieses Vorhaben, so daß die Zukunft beider Bahnen nun

Während einer Sonderfahrt der Eisenbahnfreunde Hannover machte der T 3 Station in Bruchhausen Ost. Zum Zeitpunkt dieser Aufnahme (16.6.1973) war der Schienenpersonenverkehr bereits eingestellt.
Foto: Heinrich Räer

einzig und allein von der Zustimmung des Landes Niedersachsen abhing. Nach einem langwierigen Entscheidungsprozeß fiel schließlich die Entscheidung zugunsten der Eisenbahn. Damit stand der Umspurung praktisch nichts mehr im Weg.

Zunächst wurden zwischen Hoya und Bruchhausen-Vilsen die letzten Schmalspurschwellen ausgewechselt und in Bruchhausen-Vilsen eine Rollbockgrube errichtet. Um die Tragfähigkeit der vorhandenen Brücken zu erhöhen, wurden vier gebrauchte Stahlkonstruktionen gekauft und in der eigenen Werkstatt für den Einbau vorbereitet.

Auf einer Veranstaltung des Fremdenverkehrsvereins in Bruchhausen-Vilsen traf Betriebsleiter Leder mit Oberstleutnant Oberwöhrmann zusammen. Hierbei kam die Idee auf, die Strecke Hoya — Bruchhausen-Vilsen im Rahmen einer Militärübung umzubauen. Zunächst aber mußte dieses Vorhaben öffentlich so verkauft werden, daß die Umspurung nicht der wirtschaftlichen Förderung der Bahn dienen sollte, sondern rein als praktische Übung für den Ernstfall zu verstehen war.

Am 24.5.1963 wurden sämtliche weiterhin benötigten Schmalspurfahrzeuge von Hoya nach Bruchhausen-Vilsen bzw. Syke gefahren, bevor die eigentliche Umspurung beginnen konnte. Am nächsten Tag wurde morgens um 3 Uhr in der Kaserne des 33. Panzerbatallions in Barme Alarm ausgelöst und 550 Soldaten und 250 Rekruten rückten in 9 Bussen der HSAE ins „Manöver". Die Kreiszeitung der Grafschaft Hoya schrieb am 27.5.1963:

„Die Truppenführung unterstellte die Übung einer besonderen Ausgangslage. Man nahm an, daß ein in das Bundesgebiet eingedrungener Gegner abgedrängt worden sei, während die 33er zur Auffrischung nach den vorausgegangenen angenommenen Gefechten in das rückwärtige Gebiet zurückgeführt worden seien. Die Nachschubverbindungen in unserem Gebiet mußten, so wurde weiter angenommen, auf Nebenstrecken zurückgreifen, weil die Hauptlinie durch Luftangriffe des Gegners nachhaltig zerstört worden sei. Die Nebenbahn, hier die VGH-Strecke Bruchhausen-Vilsen — Hoya, mußte aber Züge mit normaler Spurweite aufnehmen können. Also erhielten die Panzerschützen den Auftrag, ans Werk zu gehen und mit den vorhandenen und verhältnismäßig einfachen Mitteln die Strecke umzuspuren."

Kurz nach Ankunft der Busse am Einsatzort begann zusammen mit 70 Eisenbahnern der Umbau. In 8 Bauabschnitten mußten die Soldaten 84.000 Schrauben aus den Schwellen herausdrehen (4 Schrauben pro Schwelle), die Schienen versetzen und anschließend die Schrauben wieder eindrehen. Da nur wenige Gleisbaumaschinen zur Verfügung standen, mußte der größte Teil der Schrauben von Hand eingedreht werden. Gelegentlich kam es im Lauf des Tages zu „Partisanenangriffen". Die angegriffenen Gleisbauer warfen das Werkzeug beiseite und gingen in Deckung. Nach kurzem „Gefecht" wurden die Angreifer mit Platzpatronen abgewehrt.

Dank der bereits geleisteten Vorarbeit und tatkräftiger Hilfe der Bundeswehr war es möglich, innerhalb nur eines Tages 11 km Gleis umzuspuren. Die Weichen in den Bahnhöfen wurden nur soweit berücksichtigt, daß der gerade Strang von Regelspurfahrzeugen befahren werden konnte. Noch am selben Nachmittag gegen 15 Uhr fuhr der T 2 der HEG mit einem Rungenwagen erstmals über das Normalspurgleis von Hoya nach Bruchhausen-Vilsen. Hier wurden zwei Kettenfahrzeuge verladen und nach Hoya gebracht. Damit war der „militärische Teil" des ersten Umbauabschnitts beendet.

In den folgenden Monaten erfolgte der Umbau der Nebengleise in den Bahnhöfen. Die noch gut erhaltenen Form-6-Schmalspurweichen wurden um etwa 4 m verlängert und der Abstand der Radlenker vergrößert. Außerdem erhielt der Bahnhof Bruchhausen-Vilsen im Bereich des Bahnsteigs ein Dreischienengleis. Auf diese Weise war es möglich, Triebwagen beider Spurweiten hintereinander aufzustellen, um so das Umsteigen zu erleichtern. Am 27.5.1963 befuhr der erste planmäßige Güterzug die umgespurte Strecke, während der Personenverkehr zwischen Hoya und Bruchhausen-Vilsen noch für einige Wochen mit Bussen abgewickelt wurde.

Bis zur Umspurung des zweiten Abschnitts nach Syke vergingen fast 2 Jahre, bevor am 15.3.1965 endlich mit den Vorbe-

Der 1963 von der Niederweserbahn übernommene Triebwagen T 3 am 1.3.1963 in Hassel vor der Weiterfahrt nach Eystrup.   *Foto: Rolf Löttgers*

reitungen begonnen werden konnte. Da in diesem Fall keine Bundeswehrsoldaten bereitstanden, mußten die VGH die Arbeiten selbst durchführen. So hatte man für die 20 km lange Strecke einen Zeitraum von etwa 7 Monaten kalkuliert. Zunächst wurde der Personenverkehr Bruchhausen-Vilsen — Syke auf Busse umgestellt. Der Güterverkehr blieb weiterhin bestehen, und zwar in der Weise, daß mit Schmalspurfahrzeugen von Syke aus jeweils bis zu dem Bahnhof gefahren wurde, der der Baustelle am nächsten lag. Von Bruchhausen-Vilsen aus konnte bereits mit regelspurigen Fahrzeugen der Güterverkehr bedient werden.

Für die Baumaßnahmen hatten die VGH eine Kolonne Hilfsarbeiter eingestellt. Mit einem gebraucht gekauften Bus wurden sie allmorgentlich zu den Baustellen gefahren. Tagsüber diente der Bus als Pausenraum. Nach einem festen Zeitplan wurde jeweils zwischen zwei Bahnhöfen das alte Gleis abgebaut und das Planum mit einer kleinen Planierraupe geebnet. Mit Hilfe eines geliehenen Krans wurden anschließend Schienen und Regelspurschwellen in den Baubereich gehoben und dort montiert. Nach dem Richten des Gleises und dem anschließenden Verfüllen mit Kies wurde die Strecke gestopft. Um diese Arbeit nicht auch noch von Hand ausführen zu müssen, hatten sich die VGH eine Gleisstopfmaschine von der Bundesbahn geliehen. Einen Tag lang war sogar fast das ganze Personal der VGH zum Umbau im Einsatz. Der damalige Betriebsleiter Wilhelm Leder erinnert sich:

„Hinter Uenzen waren die Arbeiten im Zeitplan zurückgefallen. Dort habe ich einen Tag lang alle Mann — und die Frauen auch — eingesetzt, um aufzuholen. Werkstatt, Ver-

Der Hansa-Triebwagen T 2 im Stadtbereich von Syke am 17.8.1968. Foto: Heinrich Räer

Mit einem langen Güterzug verließ die ehemalige Wehrmachtsdiesellok V 36 001 (ex DB V 36 116) im September 1966 — wenige Monate nach der Umspurung — Bruchhausen-Vilsen in Richtung Syke.
Foto: Reinhard Todt

Triebwagen T 3 mit den beiden Beiwagen TA 1 und TA 2 in Steimbke-Burdorf am 1.5.1971. Foto: Günter Nimpsch

waltung und Güterschuppen blieben an diesem Tag geschlossen. Die Busfahrer haben jedoch gewechselt, damit wirklich jeder seinen Teil im Gleisbau leistete. Die Frauen kochten Erbsensuppe und brachten sie zur Baustelle heraus, während wir alle der Gleisbaurotte halfen. Das hat allen viel Spaß gemacht und war eigentlich schöner als jeder Betriebsausflug! Ich wollte damit auch das Gemeinschaftsgefühl füreinander und fürs Unternehmen, unsere Verkehrsbetriebe, stärken."

Ende des Jahres hatten die Umbauarbeiten den Ortsrand von Syke erreicht. Dort war man, namentlich die Kirchengemeinde, über die Baumaßnahmen der VGH nicht erfreut. Man fürchtete mit Aufnahme des Regelspurbetriebes größere Vibrationen, die der Kirche schaden könnten, und verlangte, den Güterverkehr nicht über Syke, sondern über Eystrup zu leiten. Für alle Schäden an der Kirche wollte man die VGH haftbar machen.

Am 17.1.1966 war auch die Strecke Bruchhausen-Vilsen — Syke für Regelspurfahrzeuge befahrbar. Lediglich die Seitenlinie nach Asendorf war noch schmalspurig.

Die Entwicklung der VGH

Im Hinblick auf die bevorstehende Umspurung der Gesamtstrecke Syke — Hoya waren noch im Jahr 1963 weitere regelspurige Betriebsmittel beschafft worden. Neben einem Dieseltriebwagen der Niederweserbahn erwarben die VGH unter günstigen Konditionen eine ebenfalls gebrauchte Diesellok der Baureihe V 36 von der DB. Gleichzeitig konnte auf einen Teil der schmalspurigen Fahrzeuge verzichtet werden. Zwei Jahre später übernahmen die VGH erneut einen gebrauchten Triebwagen sowie eine zweite Diesellok der Baureihe V 36. Die ehemaligen Wehrmachts-Diesellokomotiven vom Typ WR 360 C bewährten sich sehr gut und bis 1982 wurden 8 solcher Lokomotiven beschafft.

Endgültig Abstand genommen hatte man bis Mitte der 60er Jahre von dem Vorhaben, auch die Seitenlinie nach Asendorf auf Regelspur umzubauen. Inzwischen hatte sich hier der Zustand der Gleisanlagen soweit verschlechtert, daß nur noch eine Höchstgeschwindigkeit von 20 km/h zugelassen war. Als die VGH an die Anliegergemeinden herantraten, um diese zur Zahlung von Zuschüssen für die Strecke aufzufordern, ging bereits das Gerücht einer bevorstehenden Stillegung um. Für den Fall einer Bezuschussung hatten die VGH die Hauptuntersuchung der Lok 33 („Bruchhausen") sowie die Aufarbeitung des in Bruchhausen-Vilsen abgestellten Triebwagens T 65 angeboten. Um die Leistung für den Güterverkehr zu erhöhen, war der Einbau einer zweiten Maschinenanlage vorgesehen.

Doch es kam alles ganz anders. Anstelle der vorgesehenen Maßnahmen konnten die VGH im Jahr 1966 zwei gebrauchte Dieselloks von den Euskirchener Kreisbahnen übernehmen. Gleichzeitig wurde auch die Strecke nach Asendorf notdürftig instandgesetzt, um einen Fortbestand des Güterverkehrs zumindest für die nächsten Jahre gewährleisten zu können. Damit war der verbliebene Schmalspurbetrieb zunächst einmal der Stillegung entgangen. Noch 1966 etablierte sich der Deutsche

Bereits 1926 wurde dieser Triebwagen an die Butjadinger Eisenbahn geliefert und kam über die Steinhuder Meer-Bahn als T 4 zur VGH (Syke, August 1971).
Foto: Joachim Petersen

Noch 1 Jahr älter als der T 4 war der T 3, der neu an die Niederweserbahn geliefert worden war. Am 23.8.1970 stand er in Syke neben dem Lokschuppen, der 1974 abgerissen wurde.
Foto: Joachim Petersen

Am 2.9.1972, vier Wochen vor dem Ende des Personenverkehrs auf den Gleisen der Verkehrsbetriebe Grafschaft Hoya, entstand die Aufnahme des T 3 in der Ortsdurchfahrt von Uenzen.
Foto: Heinrich Räer

Kleinbahn-Verein (heute: Deutscher Eisenbahn-Verein) auf den Gleisen der fast 8 km langen Schmalspurbahn, um ein lebendiges Kleinbahnmuseum zu schaffen (hierzu mehr im Museumsbahn-Kapitel).

Mit Aufnahme des durchgehenden Regelspurbetriebes zwischen Syke und Eystrup lag das Güteraufkommen der VGH bei mehr als 100.000 t. Für die weitgehend auf Landwirtschaft ausgerichtete Region war dies ein durchaus respektabler Wert, der sich in den folgenden 15 Jahren nur geringfügig verringerte. Im Schienenpersonenverkehr war dagegen ein deutlicher Rückgang zu verzeichnen. Schon Jahre zuvor hatte sich die HSAE mit ihrer Buslinie nach Bremen selbst Konkurrenz gemacht, so daß die Triebwagen immer weniger in Anspruch genommen wurden. Bereits 1963 hatte der Busbetrieb den Schienenverkehr eingeholt. Die VGH-Verwaltung reagierte auf diese Entwicklung mit einer schrittweisen Reduzierung des Schienenverkehrs zugunsten des Busbetriebs.

Mit Beginn des Sommerfahrplans 1965 wurden die Auftragsfahrten für die DB eingestellt. Zuletzt verkehrte noch ein einziges Zugpaar mit VGH-Triebwagen zwischen Eystrup und Langwedel. Eine Fahrplanperiode später wurde der Sonntagsverkehr auf der Schiene reduziert und die entfallenen Fahrten größtenteils durch Busse ersetzt. Neben 10 werktäglichen Zugpaaren zwischen Eystrup und Hoya verblieben an Sonntagen nur 6, während zwischen Syke und Hoya neben 7 werktäglichen Zugpaaren lediglich noch 2 Züge an Sonntagen je Richtung verkehrten. Zur Aufwertung des Schienenverkehrs hatten die VGH sogar einen Eilzug in den Fahrplan aufgenommen, der als E 7 zwischen Syke und Eystrup verkehrte, dessen Fahrzeit jedoch nicht viel kürzer als die der übrigen Triebwagenfahrten war. Obwohl der Eil-

Im März 1978 kam die 236 237 von der DB zur VGH und erhielt hier die Nr. V 36 005. (Berxen, Oktober 1983). Foto: Stefan Lauscher

Zwischen Uenzen und Berxen stand dem Bahnbau, der weitgehend dem Straßenverlauf folgte, ein Anwesen im Wege, um das das Gleis herumgeführt werden mußte. Der reaktivierte T 1 fuhr am 26.4.1987 um dieses Haus herum. Foto: Günter Nimpsch

In einer weiten Kurve tritt zwischen Berxen und Bruchhausen-Vilsen die Bahn aus dem Wald heraus und verläuft fortan in Seitenlage der Landstraße weiter. Am 7.7.1985 versah der T 1 auf der VGH-Strecke Zubringerdienste zur Museumsbahn. Foto: Ludger Kenning

*Im August 1972 stand der T 1 noch im planmäßigen Einsatz der VGH, aufgenommen in den Weserauen zwischen Hassel und Hoya.
Foto: Joachim Petersen*

*Als am 7.7.1985 die Aufnahme des T 1 bei Wachendorf entstand, war das Gleis bereits vom Grün überwuchert.
Foto: Evert Heusinkveld*

zug zum Sommerfahrplan 1966 etwas beschleunigt wurde, blieb er eine kurze Episode.

Anfang des Jahres 1969 hatten die VGH einen Antrag auf Genehmigung eines Bus-Parallelverkehrs zwischen Syke und Eystrup gestellt. Damit war das Ende des Schienenpersonenverkehrs in greifbare Nähe gerückt. Nachdem zunächst nur wenige Busfahrten verzeichnet waren, erfolgte zum Sommerfahrplan 1970 eine weitreichende Umstellung schwach frequentierter Züge auf Busbetrieb. Es verblieben zwischen Eystrup und Hoya werktags 8 Zugpaare, während an Sonntagen nur noch 2 Züge je Richtung verkehrten. Entsprechend geringer war das Angebot zwischen Syke und Hoya mit nur noch 4 Zugpaaren an Werktagen und einem einzigen an Sonntagen. Für die Reisenden bedeutete die Umstellung auf den Bus eine Verbesserung des Angebots, war es doch möglich, auch abseits der Bahn gelegene Ortsteile verkehrsmäßig zu erschließen.

Nun ging es Schlag auf Schlag. Zum Winterfahrplan 1970 entfiel der gesamte Sonntagsverkehr auf der Schiene. Gleichzeitig wurden sämtliche Fahrten in den Nachmittags- und Abendstunden auf die Straße verlagert. Mit nur noch 6 werktäglichen Zugpaaren zwischen Hoya und Eystrup und einem einzigen zwischen Hoya und Syke war das baldige Ende gekommen. Dennoch vergingen 2 Jahre, bis schließlich zum 1.10.1972 der Schienenpersonenverkehr endgültig aufgegeben wurde.

Auch im Güterverkehr wurde rationalisiert. Schon seit langem hatte die Seitenlinie nach Asendorf kaum noch die Kosten für ihre Unterhaltung eingefahren. Andererseits hatte der Einsatz schwerer Selbstentladewagen auf Rollböcken dem Gleiskörper derart zugesetzt, daß zwingend größere Instandsetzungsmaßnahmen durchgeführt werden mußten. Da die zu erwartenden Einnahmen in keinem Verhältnis zum Aufwand für einen Weiterbetrieb dieser Strecke standen, entschlossen sich die

Die Lok „Bruchhausen" steht seit 1971 in Bruchhausen-Vilsen als Denkmal (Aufnahme vom März 1979).

Im schweren Rübenverkehr verschob die damals noch als 236 237 beschriftete V 36 005 am 22.10.1979 in Bruchhausen-Vilsen. *Fotos: Ludger Kenning*

1972 wurde die ehemalige Euskirchener Meterspurlok V 121 auf Regelspur umgebaut. Am 22.4.1978 stand sie in Hoya im Bauzugeinsatz. Foto: Ludger Kenning

Als das Güteraufkommen nachließ, genügten im Güterzugdienst Kleinlokomotiven, die, wie schon zuvor die V36er, von der Bundesbahn übernommen wurden: Kleinlok V 125 (ex DB 323 251) im Bauzugdienst bei Bruchhausen-Vilsen am 16.6.1986. Foto: Roland Hertwig

Die Birkenallee zwischen Süstedt und Uenzen, die wir bereits vom Foto aus der Schmalspurzeit (Seite 41) kennen, ist bis heute erhalten geblieben. Am 26.4.1987 fuhr der T 1 gemächlich an ihr vorbei. Foto: Günter Nimpsch

Auf der ehemaligen HEG-Stammstrecke bei Eystrup entstand im Jahr 1972 die Aufnahme des DWK-Triebwagens T 4. Das Fahrzeug wurde 1978 an die Almetalbahn und 1991 weiter an die Kleinbahnfreunde Leeste verkauft.
Foto: Joachim Petersen

VGH schließlich zur Einstellung des Güterverkehrs. So verkehrte am 23.8.1971 letztmals ein Güterzug nach Asendorf.

Auf der Stammstrecke verblieb ein Güterverkehr mit einem werktäglichen Zugpaar in den Morgenstunden. Zu den wichtigsten Kunden zählte wie bisher die Landwirtschaft. In den Herbstmonaten, vor allem während der Rübenkampagne, wurden weitere Züge eingelegt.

Im Spitzenverkehr begann der Eisenbahnalltag in Hoya bereits gegen 6 Uhr mit einer Fahrt nach Eystrup, um dort die Güterwagen für die einzelnen Bahnhöfe entlang der Strecke abzuholen. Nach der Ankunft in Syke zur Mittagszeit ging es mit einem Güterzug zurück, der in der Gegenrichtung nochmals die Bahnhöfe bediente. Eine zweite Lok hatte unterdessen ebenfalls eine Fahrt nach Syke unternommen, um dort leere O-Wagen für den Rübenversand in Heiligenfelde abzuholen. Nach mehrstündigem Rangieren ging es mit einem Rübenzug zurück nach Syke, bevor in den Abendstunden die Heimfahrt nach Hoya angetreten wurde. Über Jahre hinweg bestand der Güterverkehr in dieser Form, bevor in den 80er Jahren ein rückläufiges Verkehrsaufkommen weitere Einsparungsmaßnahmen unumgänglich machte.

Schwere Zeiten für den Schienenverkehr zwischen Syke und Eystrup

Unter Ausnutzung aller möglichen Rationalisierungsmöglichkeiten, u.a. Einführung des Zugbahnfunks im Jahr 1966, konnte der Güterverkehr in den Folgejahren zunächst weitgehend wirtschaftlich betrieben werden. Der intakte Zustand der Gleisanlagen erforderte kaum nennenswerte Investitionen, so daß der Eindruck einer gesunden Bahn entstand. Die Wirklichkeit sah jedoch anders aus. So unterblieb die planmäßige Erneuerung des

Die Lok V 36 008 hatte am 17.10.1984 einen Rübenzug nach Eystrup gebracht und kehrte sodann nach Hoya zurück, aufgenommen zwischen Hassel und Hoya. Foto: Evert Heusinkveld
Am 31.3.1983 hatte der mit der V 36 007 bespannte Güterzug Syke – Hoya (hier zwischen Berxen und Bruchhausen-Vilsen) vorwiegend Holz zu befördern. Foto: Josef Högemann

Herbstlicher Hochbetrieb an den Siloanlagen im Bahnhof Hoya am 16.10.1984, als die von der Bremervörde-Osterholzer Eisenbahn übernommene Lok V 36 008 im Einsatz stand.
Foto: Evert Heusinkveld

*V 36 008 vor Güterzug Syke – Hoya bei Berxen am 22.10.1984: Neben etlichen Zuckerrübenladungen befördert die Lok einen Kesselwagen der Museumsbahn.
Foto: Evert Heusinkveld*

Oberbaus ebenso wie die Beschaffung moderner Triebfahrzeuge.

In eine erste kritische Phase geriet der Güterverkehr schon Anfang der 80er Jahre. Hinzu kamen Absichtserklärungen der DB, künftig den gesamten Zuckerrübenverkehr von der Schiene auf die Straße zu verlagern. Um die hierdurch entstehenden Verluste auszugleichen, wurde langsam das Gesellschaftskapital bis Mitte 1986 verbraucht.

Angesichts dieser Entwicklung sowie des sich ständig verschlechternden Zustandes der Gleisanlagen beauftragte der Aufsichtsrat der VGH die Deutsche Eisenbahn-Gesellschaft (DEG) in Frankfurt mit der Erstellung eines Gutachtens. Gleichzeitig sollte die Geschäftsführung ein Sanierungskonzept ausarbeiten.

Das vorgelegte Gutachten der DEG ließ keinen Zweifel an der zwingend notwendigen Erneuerung des gesamten Oberbaus. Allein 6.500.000 DM waren für den Einbau von Oberbaustoffen aus Abbruchstrecken der DB erforderlich. Trotz der nur noch geringen Bedeutung des Schienen-

Die VGH-Strecke war in den letzten Jahren ein Flickwerk. Da eine gezielte Erneuerung des Oberbaus unterblieb, mußte im Sommer 1985 schließlich ein Teil der Strecke aus Sicherheitsgründen gesperrt werden (Berxen, März 1983).
Foto: Josef Högemann

Einen langen Güterzug, den eine weitere V 36 nachschob, zog die Lok V 36 001 am 22.10.1979 durch den Wald bei Hoyerhagen. Derart lange Güterzüge verkehrten nur im Herbst.
Foto: Ludger Kenning

verkehrs erhielten die VGH Unterstützung durch das Verteidigungsministerium, das sich wegen der strategischen Bedeutung der Strecke bereiterklärte, 85% der Kosten für die Sanierung zu tragen. Den Rest sollten das Land Niedersachsen und die Gesellschafter finanzieren.

Den Bestrebungen zum Erhalt der Strecke kamen Überlegungen der Firma Europa-Carton in Hoya entgegen, einen Teil ihrer Transporte auf die Schiene zu verlagern. Einen Gleisanschluß hatte das Werk bereits Ende der 50er Jahre erhalten, doch hatte das Frachtaufkommen nie eine große Rolle gespielt. Nun aber, mit Inbetriebnahme einer neuen Papiermaschine, war die Werksleitung im Fall günstiger Angebote seitens der DB durchaus bereit, den Gleisanschluß wesentlich stärker zu nutzen als bisher und jährlich 40-60.000 t mit der Bahn zu befördern. Bekannt wurden ferner Pläne, die vorgesehene Müllverbrennungsanlage in Hoya gegebenenfalls über die VGH zu versorgen.

Der VGH-Schienenverkehr vor dem Ende?

Trotz aller Absichtserklärungen, den Schienenverkehr zwischen Syke und Eystrup zu erhalten, blieb auch in den folgenden Jahren das Schicksal der Bahn offen. Dieser für alle Seiten unbefriedigende Zustand führte zu einer weiteren Abwanderung auf die Straße, so daß die Bahn in eine nahezu hoffnungslose Lage geriet. Inzwischen hatte sich der Zustand der Gleisanlagen soweit verschlechtert, daß der Zugbetrieb im Mai 1991 zwischen Syke und Bruchhausen-Vilsen eingestellt werden mußte. Nur gelegentlich verkehrt auf diesem Abschnitt seither eine Kleinlok zu Inspektionsfahrten.

Einen weiteren Rückschlag erhielten die Bemühungen zur Rettung der Strecke Syke — Eystrup durch einen Beschluß der CDU/FDP-Mehrheit im Kreistag des Landkreises Diepholz, entgegen ursprünglichen Aussagen alle finanziellen Mittel für eine Sanierung der Bahn zu streichen. Nachdem sich auch die Stadt Syke gegen den Erhalt der Bahn ausgesprochen hatte, sah es so aus, als wäre das Schicksal des VGH-Schienenverkehrs endgültig besiegelt.

Mit der Kommunalwahl im Herbst 1991 sollte sich das Blatt jedoch nochmals wenden. Durch eine Verschiebung auf der politischen Ebene des Landkreises Diepholz erhielt die Bahn eine neue Chance und es gab berechtigte Hoffnungen, daß zumindest zwischen Heiligenfelde und Eystrup die Bahn erhalten bleiben könnte, zumal das Land Niedersachsen den Rübenverkehr wieder auf die Schiene verlagern möchte.

Anfang des Jahres 1992 fiel endlich die Entscheidung zugunsten eines weiteren Fortbestandes der VGH-Strecke. Um die Gleisanlagen zwischen Heiligenfelde und Eystrup zu erneuern, wurden insgesamt 9 Millionen Mark bereitgestellt. Der 6 km lange Abschnitt Heiligenfelde — Syke wird allerdings nicht mehr aufgearbeitet, so daß die VGH in Zukunft nur noch in Eystrup Anschluß zur DB besitzt.

Die Triebfahrzeuge der VGH

Mit dem Zusammenschluß der HEG und der HSA(E) zu den Verkehrsbetriebe Grafschaft Hoya GmbH (VGH) am 25. 5. 1963 gelangte der größte Teil der noch vorhandenen Fahrzeuge in das Eigentum der neuen Gesellschaft. Mit Ausnahme der beiden inzwischen abgestellten Wismarer Schienenbusse T 40 und T 42 wurden folgende Fahrzeuge übernommen:
- Dampflokomotiven 2 und 3 der HEG
- Dampflokomotiven 31, 32, 33 und 35 der HSAE
- Triebwagen T 1 und T 2 der HEG
- Triebwagen T 62, T 63, T 65 und T 67 der HSAE

Die Ausdehnung des Normalspurbetriebes von Hoya bis Bruchhausen-Vilsen erforderte die Anschaffung weiterer Normalspurfahrzeuge. Im Jahr 1963 wurde die V 36 116 von der DB übernommen und als V 36 001 eingereiht. Bei der DB hatte die ehemalige Wehrmachtslok zuletzt dem Bw Aalen zur Verfügung gestanden.

2 Jahre später folgte eine weitere V 36, die über die Firma Glaser als V 36 002 von den VGH übernommen wurde. Auf die Normalspurdampfloks 2 und 3 konnte nun

Dampflokomotiven der Verkehrsbetriebe Grafschaft Hoya (VGH)

Nr.	Name	Spurweite	Bauart	Bauj.	Hersteller	Fab.-Nr.	Bemerkungen
2		1.435 mm	C-n2t	1914	Hanomag	7312	1963 ex HEG, 1966 +
3		1.435 mm	C-n2t	1889	Union	468	1963 ex HEG, 1964 +
31	Hoya	1.000 mm	C-n2t	1899	Hanomag	3341	1963 ex HSAE, 1968 an DEV
32	Syke	1.000 mm	C-n2t	1899	Hanomag	3342	1963 ex HSAE, 1964 +
33	Bruchhausen	1.000 mm	C-n2t	1899	Hanomag	3344	1963 ex HSAE, seit 1971 Denkmal in Bruch.-V.
35	Bücken	1.000 mm	C-n2t	1912	Hanomag	6612	1963 ex HSAE, 1966 +

Triebwagen der Verkehrsbetriebe Grafschaft Hoya (VGH)

Nr.	Spurw.	Bauart	Bauj.	Hersteller	Fab.-Nr.	Bemerkungen
T 1	1.435 mm	A1	1936	Gotha		1963 ex HEG, ab 1985 Museumsfahrzeug
T 2	1.435 mm	A1	1954	Hansa		1963 ex HEG, 1976 an DEV als Kantinenwagen, dann Klb. Leeste e.V.
T 3	1.435 mm	(1A)'(A1)'	1925	DWK	66	1963 ex Niederweserbahn (bis 1951: DB VT 85 901), 1974 an Museumsbahn Goes-Borssele/NL
T 4	1.435 mm	(1A)'2'	1926	DWK	82	1965 ex Steinhuder Meer-Bahn (bis 1955: Butjadinger Eisenbahn, 1978 an Almetalbahn, 1991 an Klb. Leeste e.V.
T 62	1.000 mm	(1A)'2'	1934	Wismar	10955	1963 ex HSAE (bis 1955: LAW), 1967 ausgemustert
T 63	1.000 mm	(1A)'2'	1935	Wismar	20249	1963 ex HSAE, 1967 ausgemustert
T 65	1.000 mm	(1A)'(A1)'	1950	Talbot	94430	1963 ex HSAE (bis 1959: Eckernförder Krb., 1965 Umbau in VB, 1965 an Sylt
T 67	1.000 mm	2'B'	1925	AEG/LHL		1963 ex HSAE, 1965 ausgemustert

Diesellokomotiven der Verkehrsbetriebe Grafschaft Hoya (VGH)

Nr.	Bauart	Bauj.	Hersteller	Fab.-Nr.	Bemerkungen
V 121	B-dh	1954	Deutz	55735	1966 ex Euskirchener Krb., 1972 Umspurung auf 1.435 mm, 1983 an Montreux-Oberland-Bernois (Schweiz)
V 122	B-dh	1954	Deutz	55736	1966 ex Euskirchener Krb., 1980 an DEV
V 123	B-dh	1935	BMAG	10355	1977 ex DB (323 948, Köf 4795), 1985+
V 124	B-dh	1959	Deutz	57312	1983 ex DB (323 210, Köf 6454)
V 125	B-dh	1959	O & K	26032	1985 ex DB (323 251, Köf 6625)
V 126	B-dh	1943	Deutz	46541	1988 ex DB (323 011, Köf 5058)
V 36 001	C-dh	1942	Henschel	26140	1963 ex DB (V 36 116), 1986 an Deutsche Gesellschaft für Eisenbahngeschichte
V 36 002	C-dh	1940	Schwartzkopff	11211	ehem. US-Transportation-Corps, 1965 über Fa. Glaser an VGH, 1986 verschr.
V 36 003	C-dh	1938	O & K	20917	1966 ex DB (V 36 002), 1977 verschrottet
V 36 004	C-dh	1943	Deutz	39628	1976 ex DB (236 222), 1983 abgestellt
V 36 005	C-dh	1944	Deutz	47179	1978 ex DB (236 237)
V 36 006	C-dh	1950	MaK	360021	1979 ex DB (236 412), 1987 abgestellt
V 36 007	C-dh	1943	Schwartzkopff	12051	1979 ex DB (236 213), 1986 abgestellt, 1988 an DGEG Bochum-Dahlhausen
V 36 008	C-dh	1942	Schwartzkopff	11647	ehem. DB (236 114), 1976 an Bremervörde-Osterholzer Eisenbahn (Lok 282), 1982 an VGH

Am 2.9.1972 — noch am Samstag-Nachmittag! — wurde in Heiligenfelde Korn verladen (mit V 36 002).
Foto: Heinrich Räer

verzichtet werden, nachdem zuletzt nur noch Lok 2 als betriebsfähige Reserve zur Verfügung gestanden hatte.

Im Oktober 1963 traf von der Niederweserbahn deren Triebwagen T 157 in Hoya ein. Dieser Vierachser war im Jahr 1925 für die Deutsche Reichsbahn gebaut worden.

Anfang März 1965 folgte ein weiterer DWK-Triebwagen. Bei der Butjadinger Eisenbahn hatte der 1926 gebaute Vierachser bis zum Jahr 1957 als T 152 im Einsatz gestanden und wurde dann auf 1.000 mm umgespurt. Auf der Steinhuder Meer-Bahn verkehrte er bis 1965, um dann — erneut als Regelspurfahrzeug — mit der Nr. T 4 auf VGH-Gleisen eingesetzt zu werden.

Die Aufgabe des Schmalspurbetriebes zwischen Bruchhausen-Vilsen und Hoya ließ einen Teil der Schmalspurfahrzeuge überflüssig werden. Im Jahr 1964 wurde die Dampflok „Syke" nach Fristablauf ausgemustert. Ebenfalls nicht mehr aufgearbeitet wurde der seit Jahren abgestellte Triebwagen T 67, der 1965 verschrottet wurde. Mit dem Umbau der Fortsetzung bis Syke in den Jahren 1965/66 kam für weitere Lokomotiven und Triebwagen das Ende.

Übrig blieben lediglich 8 km Schmalspurgleise zwischen Bruchhausen-Vilsen und Asendorf, für dessen Bedienung im Güterverkehr eine einzelne Lok ausreichte. Die Schmalspurtriebwagen T 62 und T 63 wurden abgestellt und 1967 verschrottet, während der T 65 bereits 1965 an die Inselbahn Sylt verkauft worden war.

Nach der Verschrottung der Lok „Bücken" im Jahr 1966 versahen die beiden Lokomotiven „Bruchhausen" und „Hoya" den verbliebenen Schmalspurbetrieb. Den Zugverkehr auf der Regelspurstrecke hielten die 4 Triebwagen sowie die beiden V 36 aufrecht.

Um den unwirtschaftlichen Dampfbetrieb nach Asendorf einstellen zu können, erwarben die VGH 1966 zwei Deutz-Dieselloks (V 21 und V 22) von den Euskirchener Kreisbahnen. Die beiden 2-achsigen Lokomotiven verfügten über Übertragungseinrichtungen, die es ermöglichten, als Zwilling eingesetzt zu werden. Da sie jedoch kein luftbetätigtes Wendegetriebe hatten, mußte ein Fahrtrichtungswechsel jeweils auf beiden Lokomotiven manuell vorgenommen werden. So liefen sie in der Regel führerstandsseitig gekuppelt, so daß der Lokführer über die hinteren Stirntüren bei Bedarf auf den gegenüberliegenden Führerstand umsteigen konnte. Die Steigung zwischen Bruchhausen-Vilsen und Heiligenberg erforderte regelmäßig den gleichzeitigen Einsatz beider Maschinen. Hinter Heiligenberg konnte auf die Leistung der zweiten Lok verzichtet werden, so daß sie dann nur noch im Schlepp mitlief.

Mit dem Ankauf der beiden Diesellokomotiven war das Ende der beiden noch betriebsfähigen Dampflokomotiven gekommen. Während die Lok „Bruchhausen" noch bis Ende 1967 auf der Museumsbahn im Einsatz stand und dann in Bruchhausen-Vilsen als Denkmal aufgestellt wurde, zählt die „Hoya" heute betriebsfähig zum Fahrzeugpark des DEV.

Anfang der 70er Jahre erfolgten die ersten Schritte zur Umstellung des Personenverkehrs auf Busbetrieb. Nachdem in zunächst bescheidenem Rahmen die Zahl der täglichen Triebwagenfahrten reduziert wurde, entfiel zum Winterfahrplan 1970/71 der gesamte Sonntagsverkehr. Zwei Jahre später wurde der Schienenpersonenverkehr zwischen Syke und Eystrup ganz eingestellt.

Im Januar 1974 wurde der Triebwagen T 3 an die niederländische Museumsbahn Goes – Borssele und 1978 der T 4 an die Museumsbahn „Almetalbahn" in Bodenburg verkauft. Während der T 2 1976 vom DEV als Kantinenwagen übernommen wurde, verblieb der T 1 zunächst als Bahndienstfahrzeug bei den VGH. Nach einer einjährigen Aufarbeitung durch Aktive des DEV und der VGH ist der 2-achsige Triebwagen seit Sommer 1985 wieder betriebsfähig und steht für Sonderfahrten auf VGH-Gleisen zur Verfügung.

Als die Lok V 36 005 (ehem. DB 236 237) am 18. 10. 1978 in Hoya verschob, standen hier im Rüben-, Militär- und planmäßigen Güterverkehr fünf V36er gleichzeitig im Einsatz.
Foto: Ludger Kenning

Für den Güterverkehr wurden in den Folgejahren weitere Lokomotiven der Baureihe V 36 von der DB und der Bremervörde-Osterholzer Eisenbahn übernommen. Die Dieselloks versahen den gesamten Güterverkehr. Mit rückläufigem Beförderungsaufkommen erwiesen sie sich jedoch zunehmend als unwirtschaftlich, so daß ab Mitte der 80er Jahre – von der alljährlichen Rübensaison abgesehen – zunehmend Kleinlokomotiven das Bild bestimmten.

Die erste Kleinlok hatten die VGH bereits 1972 mit der Umspurung der V 121 erhalten, nachdem die Bedienung der Schmalspurbahn nach Asendorf 1971 eingestellt worden war. Der erhebliche Aufwand für den Umbau auf Regelspur war wirtschaftlich nicht vertretbar, so daß der Umbau der Schwestermaschine V 122 unterblieb. Sie befindet sich seit 1980 im Besitz des DEV. Auf der Suche nach geeigneten Kleinloks wurden die VGH erneut bei der DB fündig.

So wurden in den Jahren von 1977 bis 1988 vier Lokomotiven vom Typ Köf II von der DB übernommen.

Mit vier V 36 und drei Köf II sind die VGH sehr gut ausgestattet. Für den täglichen Betrieb reicht in der Regel eine der drei Kleinlokomotiven aus. Für die V 36 gibt es kaum noch etwas zu tun. Lediglich bei Verkehren von Düngerzügen oder im Militärverkehr kommen sie auf die Strecke.

Noch vor 10 Jahren waren lange Güterzüge während der Rübenkampagne keine Seltenheit, wie diese bei Bruchhausen-Ost am 22. 10. 1979 entstandene Aufnahme der V 36 001 zeigt. Heute kommt es selten vor, daß ein Güterzug über Hoya hinaus bis Bruchhausen-Vilsen gelangt.
Foto: Ludger Kenning

Streckenbeschreibung Eystrup — Syke

Der Bahnhof Eystrup an der Bundesbahnstrecke Bremen — Hannover ist Ausgangspunkt der 37 km langen VGH-Strecke nach Syke. Schon vor dem Bau der Bahn hatte sich die Hoyaer Eisenbahn-Gesellschaft mit der Hannoverschen Staatsbahn über eine gemeinsame Nutzung des Empfangsgebäudes einigen können, so daß der Bau eigener Hochbauten unterblieb. Die Personenzüge und Triebwagen der HEG fuhren bis vor das Stationsgebäude, wo das Streckengleis an einer Drehscheibe endete. Die Anlagen für den Güterverkehr wurden weiter nördlich errichtet und durch ein Übergabegleis mit der Staatsbahn verbunden. Heute wird nur noch ein Teil der Bahnhofsgleise benutzt. Insgesamt gesehen befinden sich die Anlagen in einem sehr schlechten Zustand, so wie überall entlang der gesamten Strecke.

Auf dem Weg nach Syke folgt die VGH-Strecke zunächst den Gleisen der Hauptbahn, bevor die Trasse in einem Linksbogen in nordwestliche Richtung schwenkt. Durch ein dichtes Waldgebiet geht es der Ortschaft Hassel entgegen. Der am nördlichen Ortsrand gelegene Bahnhof hat für die VGH heute kaum noch Bedeutung. Bis 1974 spielte der Versand von Zuckerrüben eine Rolle, heute gelangt nur noch selten ein Güterwagen auf das Ladegleis.

Westlich von Hassel führt die Bahn in die Weserniederungen. In den Anfangsjahren war hier das Gleis häufig überschwemmt worden, bevor durch eine Erhöhung der Weserdeiche dieses Problem dauerhaft gelöst werden konnte.

Kurz vor Hoya zweigt seit Ende der 50er Jahre der Anschluß der Firma Europa-Carton vom Hauptgleis ab. Das Wagenladungsaufkommen des Papierherstellers blieb jedoch sehr gering, so daß das Anschlußgleis bereits im Jahr 1965 vorübergehend wieder abgebaut wurde. Seit 1974 ist das Werk jedoch wieder über die Schiene erreichbar und es gibt derzeit berechtigte Hoffnungen, daß zumindest ein Teil des Zulieferverkehrs in Zukunft auf die Eisenbahn verlagert wird.

Kurz vor der Weserbrücke passiert die VGH-Strecke die Stelle, wo einst die Gleise der HEG endeten. Die frühere Endstation lag unmittelbar am östlichen Ortsausgang an der Landstraße nach Hassel. Schon während der Bauzeit hatte man die Schienen so verlegt, daß ohne weiteres eine Fortführung der Strecke nach Westen hin möglich gewesen wäre. Die Hoyaer Straßenbrücke über die Weser besaß die notwendige Breite, um auch ein Bahngleis aufnehmen zu können. Anstelle der zunächst vorgesehenen Streckenführung über die Straßenbrücke wurde 1912 eine separate Weserbrücke für die Eisenbahn errichtet.

Kurz hinter der Weserbrücke erreicht die Bahn das Gebiet des alten Hoya, das hier mitsamt seiner Burg bis in die Zeit um 1200 bestanden hat. Heute befindet sich an dieser Stelle der betriebliche Mittelpunkt der VGH mit seinen umfangreichen, aber kaum noch genutzten Bahnanlagen. Bis 1912 bestand der Bahnhof lediglich aus dem unteren Teil als Endstation für die meterspurige Kleinbahn Hoya-Syke-Asendorf.

Im Zusammenhang mit dem Bau der Weserbrücke wurde der gut 2 m höher gelegene Teil des Bahnhofs mitsamt dem noch heute vorhandenen Lokschuppen angelegt. Ferner entstanden zwischen beiden Bahnhofsteilen zusätzliche Gleise für den Güterverkehr, eine Laderampe sowie im Jahr 1940 eine Rollbockgrube. Mit der Umspurung der HSA-Strecke wurden die Gleisanlagen Mitte der 60er Jahre umgebaut. Unter anderem wurde das Streckengleis aus Richtung Eystrup verlängert und direkt in die Linie nach Syke eingeführt. Damit hatten die bis dahin zeitraubenden und unwirtschaftlichen Sägefahrten zwischen beiden Bahnhofsteilen ein Ende. Mit der Umspurung wurde der alte HSA-Lokschuppen überflüssig und später in ein Busdepot umgebaut. Stillgelegt wurde ferner das Verbindungsgleis zum Hoyaer Hafen. In diesem Bereich entstand 1982 eine große Lagerhalle für Getreide mit einem Anschluß an die VGH. Von dieser Anlage versprach sich die Bahn einen erheblichen Verkehrszuwachs, eine Hoffnung, die sich leider nicht erfüllte.

Der Bahnhof Hoya war gleichzeitig Ausgangspunkt einer kurzen Stichstrecke in das 3 km entfernte Bücken, dessen zweitürmige Stiftskirche man schon von weitem sieht. Das romanische Bauwerk dürfte vermutlich in der Mitte des 11. Jahrhunderts entstanden sein. Die Strecke nach Bücken verließ den Bahnhof in westliche Richtung, schwenkte sogleich in einem langen Gleisbogen nach Süden und folgte im weiteren Verlauf der Landstraße. Am östlichen Dorfrand von Bücken endete die Strecke in einem kleinen Bahnhof. Das Stationsgebäude ist bis heute erhalten geblieben.

Kurz nach Verlassen des Bahnhofs Hoya überquert die Bahn auf einer 21 m langen Brücke den Meliorations-Hauptkanal und tritt in das frühere Überflutungsgebiet der Weser ein, das heute durch hohe Weserdeiche geschützt ist. Wenige Kilometer weiter folgt die ehemalige Haltestelle Tivoli, dessen kleines Stationsgebäude heute den Haltepunkt Wiehe Kurpark der Museumsbahn Bruchhausen-Vilsen – Asendorf ziert. Für den Verkehr auf der HSA hatte die Haltestelle Tivoli nur wenig Bedeutung, da lediglich eine kleine Siedlung mit einem Gasthaus erschlossen wurde.

In fast geradliniger Streckenführung folgt die Strecke im weiteren Verlauf der Landstraße nach Bruchhausen-Vilsen. Waldreiche Abschnitte bestimmen das Bild, bevor die Strecke sich dem „Sellingsloh" nähert, ein beliebtes Wandergebiet für den Sonntagsausflug. Hier überwindet die Bahn einen Ausläufer des Geestrückens. Dicht vor dem Eintritt in den Wald lag die Haltestelle Sellingsloh. Neben einem Ladegleis und einem Güterschuppen war ein kleines Stationsgebäude vorhanden. Anfang dieses Jahrhunderts wurde die Haltestelle Sellingsloh in Hoyerhagen umbenannt. Seit Aufgabe des Schienenpersonenverkehrs dient der Bahnhof nur noch dem Güterverkehr. Gelegentlich erhält der hier ansässige Landhandel einzelne Wagenladungen.

Nach der Durchfahrt durch den Wald geht es bergab in die Bruchlandschaft des Meliorationsgebietes. Landwirtschaftlich intensiv genutzte Flächen bestimmen das Bild, während nach Süden hin die bewaldeten Höhen des Sellingsloh die Bahn mit Abstand begleiten.

Bald folgt der ehemalige Bahnhof Gehlbergen, der früher für den Güterverkehr bedeutsam war, nicht zuletzt durch ein Anschlußgleis zum Kalksandsteinwerk. Die Zustellung der Güterwagen erfolgte über eine kleine Drehscheibe mit einem Durchmesser von 7 m.

Von Gehlbergen aus führt das Gleis über den sogenannten „Maidamm" – einem uralten Weg aus der Zeit der Edelherren von Bruchhausen – und erreicht wenig später den Bahnhof Bruchhausen Ost. In den Bauplänen der Strecke Syke – Hoya wurde diese Bahnstation mit der Bezeichnung „Bruchhausen" vermerkt, wurde aber später, um Verwechselungen mit dem Bahnhof Bruchhausen-Vilsen zu vermeiden, in Bruchhausen Ost umbenannt. In alten Fahrplänen wird der Bahnhof gelegentlich aber auch mit „Maidamm" bezeichnet. Dieser Name stammt vermutlich von einem herrschaftlichen Pferdegestüt, das hier bis ins späte Mittelalter seinen Sitz gehabt haben soll. Der mit einem Ladegleis ausgestattete Bahnhof Bruchhausen Ost hat heute nur noch geringe Bedeutung für den VGH-Güterverkehr. Der bis vor wenigen Jahren rege Umschlag von Stammholz ist inzwischen weitgehend zum Erliegen gekommen. Das große Empfangsgebäude wurde bereits 1964 verkauft. Heute befindet sich in dessen Räumen eine Bar.

Der nur 2 km weiter gelegene Bahnhof Bruchhausen-Vilsen berührt den Ortsteil Vilsen an der Nordseite. Der freundliche, gepflegte Ort mit seiner alten Kirche aus spätgotischer Zeit liegt direkt am Rand des sich nach Süden hin erhebenden Geestrandrückens mit herrlichen Mischwaldbeständen. Viele Jahre lang hatte der Bahnhof Bruchhausen-Vilsen zentrale Bedeutung für die HSA, zumal hier auch die Strecke nach Asendorf abzweigte. Neben einem großen Empfangsgebäude mit Güterschuppen waren für den Wagenladungsverkehr zwei Ladegleise, eine Viehrampe und mehrere Lagerschuppen vorhanden. Bis 1970 bestand ein einständiger Lokschuppen, der später als Unterstand für Triebwagen diente. An seiner Stelle steht heute die Fahrzeughalle des DEV.

Mit der Umspurung entstand in Bruchhausen-Vilsen eine Rollbockgrube, um die Meterspurstrecke nach Asendorf auch weiterhin mit Regelspurgüterwagen bedienen zu können. Gleichzeitig wurde der Anteil der Schmalspurgleise auf ein Mindestmaß reduziert. Mit dem Aufbau der Museumseisenbahn entstand im südöstlichen Bereich der Bahnstation ein separater Schmalspurbahnhof mit Bahnsteig, Lokschuppen und Werkstatt, sowie einer großzügig ausgebauten Fahrzeughalle. An dieser Stelle befand sich früher einmal ein Gaswerk, das durch ein Anschlußgleis mit dem Bahnhof verbunden war.

Westlich von Bruchhausen-Vilsen folgt die Bahn zunächst der Landstraße nach Berxen, bevor sie wenig später in einem weiten Bogen nach Nordwesten schwenkt. Ein Waldgebiet nimmt die Strecke auf, bevor das Gleis den ehemaligen Bahnhof Berxen in idyllischer Lage passiert. Ein Bahnhofsgebäude gibt es nicht mehr. Es wurde 1962 behutsam abgetragen und wenige hundert Meter entfernt wieder aufgebaut, nachdem die Bahn keinen Mieter für die kleine Bahnhofswohnung finden konnte. Heute befinden sich in dem Gebäude eine Werkstatt sowie Abstellräume. Der Güterverkehr ist in Berxen längst zum Erliegen gekommen, seit Jahren wird das Ladegleis nicht mehr von den VGH bedient.

Westlich des Bahnhofs Berxen weitet sich das bis dahin hügelige Gelände. Wieder bestimmen landwirtschaftliche Nutzflächen das Bild. Begleitet von den langgestreckten Dörfern Bruchhöfen und Uenzen folgt der Schienenstrang in einiger Entfernung dem Geestrücken nach Nordwesten. Kurz vor Uenzen passiert die Bahn die gleichnamige Bahnstation. Das Ladegleis wurde zuletzt nur noch selten benutzt. Seit Mai 1991 ruht der Verkehr ganz. Direkt im Anschluß an den kleinen Bahnhof verläuft das Streckengleis mitten über die Dorfstraße.

Auf dem Weg nach Syke folgt die Bahn der Landstraße nach Heiligenfelde und passiert nach wenigen Kilometern den früheren Bahnhof Süstedt unmittelbar am südöstlichen Ortsausgang. Auch hier befindet sich ein Ladegleis, das bis zur Streckensperrung im Mai 1991 noch gelegentlich benutzt wurde. Das Stationsgebäude wurde bereits 1964 verkauft.

Der nachfolgende Bahnhof Wachendorf entstand direkt neben dem Gasthaus Willenbruch. Auf den Bau eines Bahnhofsgebäudes wurde verzichtet. Stattdessen erhielt der Gasthof einen holzverkleideten Anbau für den Fahrkartenverkauf. Außerdem war hier ein kleiner Warteraum untergebracht. Seit Einstellung des Personenverkehrs hat der Bahnhof keine Bedeutung mehr, nur noch selten gelangte auf das Ladegleis in den letzten Jahren ein Güterwagen.

Bei Wachendorf schwenkt die Bahn in westliche Richtung. Steigungsreich überwindet sie einen breiten Ausläufer des Geestrückens, bevor der für die Landwirtschaft bedeutende Ort Heiligenfelde erreicht ist. Schon vor dem Bau der Eisenbahn war der Ort verkehrsmäßig gut erschlossen, dank seiner Lage an der alten Handelsstraße von Hannover über Nienburg nach Bremen, der heutigen Bundesstraße 6. Hier entwickelte sich ein Zentrum der Landwirtschaft, das für die Kleinbahn Hoya-Syke-Asendorf ein wichtiger Partner war. Bis in jüngste Zeit fand in Heiligenfelde ein erheblicher Güterumschlag statt, vor allem zur Zeit der Zuckerrübenkampagne. Auch in Zukunft wird Heiligenfelde an das Eisenbahnnetz angeschlossen bleiben, jedoch als Endstation für die Strecke aus Richtung Eystrup. Der sich anschließende Streckenabschnitt nach Syke wird abgebaut.

Auf den letzten Kilometern liegt die Strecke parallel zur Bundesstraße und passiert bald die frühere Haltestelle Steimbke-Ziegelei, die vornehmlich den Arbeitern der Ziegelei diente. Außerdem bestand hier ein Anschlußgleis. Nur wenige hundert Meter weiter folgte der Bedarfshaltepunkt Steimbke-Buhrdorf.

Die Station Syke Ort – auch Syke Stadt oder Friedeholz genannt – lag direkt neben dem Hansa-Haus, einer bekannten Gaststätte in Syke. Hier mußte die alte Heerstraße (heutige B 6) gekreuzt werden. Bis Ende der 60er Jahre benutzte das Gleis das Straßenplanum der Bundesstraße hier. Vor allem lange Güterzüge stellten hier ein großes Verkehrshindernis dar, so daß die Stadt Syke auf eine Verlegung der Strecke drängte. Am liebsten hätte man die VGH-Strecke gleich ganz stillgelegt, eine Maßnahme, die nun fast 15 Jahre später nachgeholt wird. In den Jahren 1968/69 wurde im Zuge von Ausbaumaßnahmen der Bundesstraße ein eigener Bahnkörper geschaffen und das Gleis anschließend aus dem Straßenplanum herausgenommen.

Auf den letzten Metern führt die Bahn nördlich um die Stadt Syke herum und nähert sich von Norden her der Hauptbahn Bremen – Osnabrück. Auf der Ostseite der Hauptbahn endet die Strecke der VGH in einem Übergabebahnhof, der bald der Geschichte angehören wird. Eines der Gleise führt bis vor das Empfangsgebäude der DB. Hier begannen bzw. endeten früher die Personenzüge und Triebwagen aus Richtung Hoya. Hochbauten der VGH gibt es in Syke nicht mehr. Der zuletzt noch vorhandene Lokschuppen wurde 1974 abgerissen.

Am 15.3.1979 wurde die frisch untersuchte Dampflok „Hermann" des DEV auf einem Tieflader am Schluß eines Güterzuges von Syke nach Bruchhausen-Vilsen überführt. Die V 36 004 zog die wertvolle Fracht durch das Schneetreiben (hier bei Süstedt). Foto: Ludger Kenning

Die Museumsbahn-Eisenbahn Bruchhausen-Vilsen — Asendorf

Vorgeschichte

Schon in den 50er Jahren hatten sich im traditionsbewußten England Eisenbahnfreunde zusammengeschlossen, um alte Eisenbahnfahrzeuge und interessante Bahnanlagen betriebsfähig zu erhalten. Mit großem Engagement hatte man begonnen, Fahrzeuge vor der Verschrottung zu bewahren und auf reaktivierten Nebenstrecken dem Publikum im Betrieb vorzuführen. Damit war der Museumsbahngedanke geboren.

Beflügelt durch die Aktivitäten in England begannen auch hierzulande erste Bestrebungen, eine der noch zahlreich vorhandenen Kleinbahnen zu erhalten, um ein wichtiges Stück Verkehrsgeschichte vor dem Aussterben zu bewahren. Zu den Aktiven der ersten Stunde zählte der Hamburger Harald Kindermann. Schon im Jahr 1961 hatte er einen Antrag an den Hamburger Senat gestellt, auf der stillgelegten, aber noch nicht demontierten Kleinbahnstrecke Ohlstedt — Wohldorf einen historischen Zugverkehr einrichten zu dürfen. Dieses Vorhaben wurde schließlich verhindert.

Buntes Treiben auf dem Bahnsteig der Museumsbahn in Bruchhausen-Vilsen am 7. 7. 1985.
Foto: Ludger Kenning

Harald Kindermann ließ sich trotz seiner negativen Erfahrungen nicht abhalten, weiterhin nach einer geeigneten Kleinbahn für einen historischen Zugbetrieb zu suchen. So gründete er am 21.11.1964 den „Deutschen Kleinbahn-Verein" (später Deutscher Eisenbahn-Verein e.V., DEV), um den Gedanken einer Museumsbahn kurzfristig in die Tat umzusetzen, bevor die große Stillegungswelle dieser Jahre ein solches Vorhaben unmöglich machen würde.

Bald schien mit der Steinhuder Meer-Bahn endlich der geeignete Partner für das Vorhaben gefunden zu sein. Die Strecke bot dank einer reizvollen Landschaft mit den beiden Ausflugsorten Steinhude und Rehburg ideale Voraussetzungen für einen historischen Zugbetrieb. Zwar stand die Betriebsleitung der StMB dem Vorhaben aufgeschlossen gegenüber, doch war die Forstverwaltung im Fall einer Betriebseinstellung der StMB nicht bereit, die Bahnanlagen dem Verein zu überlassen.

Auf der Suche nach geeigneten Betriebsmitteln für die künftige Museumsbahn hatten einige Mitglieder des Deutschen Kleinbahn-Vereins Ende Oktober 1965 die Verkehrsbetriebe Grafschaft Hoya besucht, um dort eine der beiden noch vorhandenen Dampflokomotiven zu erwerben. Bei den Verhandlungen wurde den Eisenbahnfreunden von der VGH-Betriebsleitung die kostenlose Mitbenutzung des Abschnitts Bruchhausen-Vilsen — Heiligenberg angeboten. Ebenso wurde die Überlassung der Lok „Bruchhausen" als Dauerleihgabe in Aussicht gestellt. In Anbetracht der unsicheren Verhältnisse bei der Steinhuder Meer-Bahn nahm der Verein das Angebot der VGH dankend an. Damit war man der Einrichtung der ersten Museums-Eisenbahn Deutschlands einen entscheidenden Schritt näher gekommen.

Betriebsaufnahme im Sommer 1966

Mit dem Angebot der VGH war man ziemlich unvorbereitet in die Situation gekommen, kurzfristig mit dem Zugbetrieb beginnen zu müssen, zumal die Untersuchungsfristen für die Lok „Bruchhausen" bereits im Herbst 1967 ablaufen sollten. Da im Bereich der VGH keine Schmalspur-Personenwagen mehr vorhanden waren, mußte nach geeigneten Fahrzeugen anderer Meterspurstrecken Ausschau gehalten werden, wollte man die Fristen der Lok „Bruchhausen" nicht ungenutzt verstreichen lassen. Schließlich wurde man bei der DB fündig, die ihren Personenwagen KBi 0141 der Meterspurstrecke Mosbach – Mudau für 250,- DM dem Verein zum Kauf anbot.

Am 26.3.1966 traf der gut erhaltene Zweiachser auf einem Tieflader der DB in Bruchhausen-Vilsen ein. Am selben Tag hatte die VGH-Direktion die „Bruchhausen" unter Dampf setzen lassen, um nach einer technischen Abnahme des Personenwagens noch am Nachmittag eine Probefahrt bis Heiligenberg durchführen zu können. Damit hatte die allererste Fahrt eines Museumszuges in der Bundesrepublik Deutschland stattgefunden, auch wenn diese noch nicht für die Öffentlichkeit bestimmt war.

Nach der erfolgreichen Probefahrt nach Heiligenberg mußten weitere Vorbereitungen für die offizielle Eröffnung der Museumsbahn getroffen werden. Unter anderem wurde mit verschiedenen Bahnen über den Ankauf weiterer Personenwagen verhandelt, jedoch ohne Erfolg. So mußte die Eröffnungsfahrt am 2.7.1966 allein mit dem ehemaligen DB-Wagen durchgeführt werden.

Am Mittag des 2.7.1966 war der historische Augenblick gekommen, als Lokführer Hunold unter den Klängen der Feuerwehrkapelle den kleinen Zug mit den Ehrengästen in Richtung Heiligenberg in Bewegung setzte. Unterwegs wurde an der Station Wiehe ein kurzer Halt eingelegt. Die

Mit überdimensionalen Scheinwerfern war die Lok „Hoya" ausgestattet, als sie am 22.9.1990 mit einem Personenzug im Bahnhof Asendorf eintraf. Foto: Josef Högemann

Mit ihrer Vorlaufachse hat die „Spreewald" ein elegantes Erscheinungsbild. Am 8.4.1978 nahm sie kraftvoll die Steigung am Waldbad im Vilser Holz. Foto: Ludger Kenning

Als der T 41 im Sommer 1971 die Haltestelle Arbste passierte, war die Bundesstraße noch von prächtigen Baumreihen gesäumt.
Unten: Kurzer Halt für den „Wismarer" am Bahnsteig in Heiligenberg, der zwischen hohen Bäumen liegt (Sommer 1971).
Fotos: Joachim Petersen

Wirtin der Bahnhofsgaststätte von Bruchhausen-Vilsen, Frau Inge Koch, reichte den Fahrgästen ein Schnäpschen. Wenig später kam der Zug in Heiligenberg zum Stehen. Bei Kaffee und Kuchen wurden Ansprachen gehalten und um Spenden für den zukünftigen historischen Zugbetrieb gebeten.

Nach der Rückkunft in Bruchhausen-Vilsen hatte sich mittlerweile soviel Publikum angesammelt, daß die Lok mit dem Personenwagen noch mehrmals nach Heiligenberg fahren mußte, um alle Fahrwünsche zu erfüllen.

Die ersten Jahre

Nach der offiziellen Eröffnung der Museumsbahn mußte zunächst nach weiteren Personenwagen Ausschau gehalten werden. Die Zeit drängte, waren doch für den Rest des Jahres 1966 noch 4 weitere Fahrten angesetzt worden. Zum Preis von nur 75 DM konnten Ende August ein Packwagen und zwei Güterwagen von den stillgelegten Herforder Kleinbahnen übernommen werden. Ferner stellte die Kreis Altenaer Eisenbahn nach langen Verhandlungen ihren letzten betriebsfähigen Personenwagen und einen gedeckten Güterwagen den Museumsbahnern zur Verfügung. Mit den beiden Personenwagen, dem Packwagen und der Lok „Bruchhausen" konnte am 27.8.1966 erstmals ein richtiger Personenzug dem Publikum vorgestellt werden.

Für das Hinterstellen der schmalspurigen Personen- und Güterwagen waren in Bruchhausen-Vilsen kaum Gleise vorhanden, hatten die VGH im Zuge der Umspurung doch nur den notwendigsten Teil der Schmalspurgleise liegen lassen. Um den Güterverkehr nach Asendorf nicht zu behindern, mußte unverzüglich mit dem Bau eines Abstellbahnhofs begonnen werden. Noch im September 1966 wurde das erste Abstellgleis verlegt. Eine Weiche wurde aus nicht mehr benötigten Gleisen der VGH gewonnen und südlich des Bahnübergangs „Am Gaswerk" eingebaut.

Ein prächtiges Bild! Eine Glückssekunde für den Fotografen war das zufällige Zusammentreffen einer Oldtimerkolonne mit einem von den Lokomotiven „Spreewald" und „Hermann" geführten Zug am 2.5.1981 (bei Bruchhausen-Vilsen).
Foto: Klaus Wilmsmeyer

Rechtzeitig zum Saisonbeginn im Sommer 1967 konnte eine weitere Baumaßnahme auf freier Strecke abgeschlossen werden. Um den Wanderern die Möglichkeit zu geben, die Züge der Museumseisenbahn zu benutzen, war schon im Jahr zuvor die Entscheidung gefallen, am Ausgang des Vilser Holzes einen Haltepunkt anzulegen. Einerseits kreuzten sich in diesem Bereich zwei lebhaft frequentierte Wanderwege, andererseits eignete sich diese Stelle gut für Fotohalte.

Für das Jahr 1967 waren bereits 7 Betriebstage geplant. Erstmalig erschien der Fahrplan der Museumsbahn im amtlichen Kursbuch der DB, und zwar unter seiner alten Nummer 219e. Die Museumsbahn verzeichnete zwar steigende Fahrgastzahlen und erfreute sich einer hohen Popularität, doch die Untersuchungsfrist der Lok „Bruchhausen" lief unwiderruflich ab. Für

*Oben:
DEV-Draisine auf Versorgungsfahrt, fotografiert von Joachim Petersen im Sommer 1991.*

*Links:
Hauptuntersuchung der Lok Hoya im Januar 1974 in Bruchhausen-Vilsen.
Foto:
Harald Kindermann*

eine Hauptuntersuchung hatte die Werkstatt der VHG Kosten in Höhe von etwa 15.000 DM ermittelt, konnte diese aber nicht mehr ausführen, da die notwendigen Hilfsmittel zur Instandsetzung von Dampflokomotiven nicht mehr vorhanden waren. Um dennoch zu helfen, bot der damalige Betriebsdirektor Leder die in Syke hinterstellte Lok „Hoya" an, die sich gegenüber der „Bruchhausen" in einem technisch wesentlich besseren Zustand befand. Obwohl auch bei der „Hoya" die Fristen abgelaufen waren, wurde das Angebot dennoch dankend angenommen.

Mit dem festen Willen, auch im folgenden Jahr dem Publikum Dampfzugfahrten zwischen Bruchhausen-Vilsen und Heiligenberg anbieten zu können, wurden verschiedene Firmen um Kostenvoranschläge gebeten. Das Ergebnis fiel niederschmetternd aus, lag das günstigste Angebot doch bei 43.797,60 DM. Eine derartige Summe konnte der junge Verein keinesfalls allein aufbringen und das Ende schien gekommen zu sein. Hilfe in der Not kam schließlich von der DB, die sich bereit erklärte, die Schmalspurlok im Ausbesserungswerk Bremen-Sebaldsbrück im Rahmen einer Lehrlingsarbeit untersuchen zu lassen. Noch im November 1967 verließ die Maschine den Lokschuppen in Syke, um im Mai 1968 rechtzeitig zur Saison in neuem Glanz der Museumsbahn zur Verfügung zu stehen.

Inzwischen hatten sich in Bruchhausen-Vilsen weitere interessante Kleinbahnfahrzeuge angesammelt, so unter anderem die Lok „Hermann" der Kreis Altenaer Eisenbahn (KAE) und der Wismarer Schienenbus T 41 der Steinhuder Meer-Bahn. Eine weitere bemerkenswerte Lok konnte der Deutsche Eisenbahn-Verein (DEV) 1968 mit dem Kastendampflok „Plettenberg" erwerben.

Um die historisch wertvollen Lokomotiven und Wagen geschützt unterstellen zu können, rückte mehr und mehr die Frage nach einer geeigneten Unterbringung in den Vordergrund. Außerdem war eine Werkstatt zu schaffen, um nicht weiterhin sämtliche Reparaturen im Freien durch-

*An einem kühlen Frühlingstag befördern die Lokomotiven „Spreewald" und „Hermann" gemeinsam einen Personenzug über die Steigung nach Heiligenberg.
Foto: Ludger Kenning (2.5.1981)*

Die tiefstehende Herbstsonne und die kühle Luft ermöglichen stimmungsvolle Dampflokaufnahmen! Lok „Hermann" im Nikolaus-Verkehr, aufgenommen nahe der Haltestelle Vilser Holz am 15.12.1991.
Foto: Josef Högemann

Kleinbahnromantik bei Arbste am 15. 12. 1991. Nach kurzem Zwischenhalt dampft die Lok „Hermann" der Endstation Asendorf entgegen.
Foto: Josef Högemann

führen zu müssen. So wurde 1970 mit dem Bau einer Fahrzeughalle begonnen. Obwohl die Arbeiten zügig verliefen, konnte der Bau aufgrund von Finanzierungsschwierigkeiten erst Ende des Jahrs 1971 seiner Bestimmung übergeben werden.

Ein weiterer Meilenstein in der Geschichte des DEV war die Ausdehnung des historischen Zugbetriebs über Heiligenberg hinaus bis Asendorf zum Saisonbeginn 1969. Es begann am 7. Juni mit einem ganz besonderen Ereignis. Autoveteranen des Hamburger Schnauferl-Clubs fuhren zwischen Heiligenberg und Asendorf mit dem Dampfzug um die Wette. Diese Fahrt fand nicht nur in deutschen Zeitungen eine entsprechende Würdigung.

Schon damals war dem DEV klar, daß der Betrieb mit nur einer Dampflok auf Dauer kaum möglich war. Eine Aufarbeitung der abgewirtschafteten Lokomotiven „Hermann" und „Plettenberg" ließ sich aus finanziellen Gründen seinerzeit nicht durchführen, so daß schließlich Verhandlungen mit der Deutschen Reichsbahn zum Ankauf einer Meterspurlok aufgenommen wurden. Zu einem relativ günstigen Preis konnte die ehemalige Lok 99 5633 der 1970 stillgelegten Spreewaldbahn übernommen werden. Nach einer gründlichen Aufarbeitung in Wernigerode traf sie zu den Feierlichkeiten zum 5-jährigen Bestehen der Museumsbahn in Bruchhausen-Vilsen ein.

Mit der Einstellung des Güterverkehrs auf der Strecke nach Asendorf waren die VGH aus der Verantwortung für die Streckenunterhaltung befreit worden und der DEV übernahm die Verpflichtung für einen ordnungsgemäßen Zustand der

Tunnelartig führt die Schmalspurbahn durch das Vilser Holz. Dementsprechend sind die Schienen stets von Laub bedeckt (T 41 im Sommer 1941). Foto: Joachim Petersen

Der ehemalige Franzburger Triebwagen T 42 verläßt das Vilser Holz (20.8.1988). Foto: Joachim Petersen

Gleisanlagen. Für die Museumsbahner bedeutete die Aufgabe der Streckenunterhaltung durch die VGH zunächst einmal eine weitgehende Verlagerung der Aktivitäten auf den Gleisbau, mußten doch mehrere Abschnitte möglichst kurzfristig erneuert werden. So wurde in den Folgejahren ein großer Teil der Strecke mit stärkerem Gleisprofil versehen sowie die Schwellen erneuert. Zur Finanzierung der Gleisbauarbeiten rief man zu Spendenaktionen auf. Als kleines Dankeschön wird seither jede gespendete Schwelle mit einer persönlichen Nummer versehen.

Historische Schmalspurbahn mit Zukunft

Am 21.9.1973 hatten die Gemeinden Bruchhausen-Vilsen, Homfeld, Asendorf und der Kreis Grafschaft Hoya beschlossen, die VGH-Schmalspurstrecke von Bruchhausen-Vilsen bis Asendorf für einen Betrag von 154.000 DM zu kaufen, um damit auch in Zukunft einen Museumsbahnbetrieb sicherzustellen. Nicht ohne Grund hatten sich die Kommunalpolitiker zu diesem Schritt entschlossen, bedeutete die Museumseisenbahn doch ein wichtiges Segment für den aufstrebenden Fremdenverkehr. Für den Zugbetrieb erhielt der DEV ein grundbuchmäßig abgesichertes Überfahrungs- und Benutzungsrecht. Im Gegenzug wurde der DEV beauftragt, die Strecke betriebsfähig zu unterhalten.

Nach Aufgabe des Güterverkehrs auf der Strecke nach Asendorf fanden im Bereich des Bahnhofs Bruchhausen-Vilsen größere Umbaumaßnahmen statt. Unter anderem wurde die Zuführung zur Genossenschaft auf Normalspur umgebaut, so daß die Züge der Museumseisenbahn fortan nicht mehr vom Bahnhof der VGH aus

Platz ist in der kleinsten Hütte! Vollgepfropft mit Fahrgästen verließ der Wismarer Schienenbus am 5.7.1986 Heiligenberg.

Der Wismarer Schienenbus verkörpert Kleinbahnatmosphäre pur, grüne Wiesen und weidende Kühe bereichern die Szene! (Vilsen, 5.7.1986)

Fotos: Roland Hertwig

Am Bahnsteig in Bruchhausen-Vilsen steht der T 42 (ex Franzburger Kreisbahnen) zur nächsten Fahrt bereit (2.5.1981). Foto: Ludger Kenning

abgefertigt werden konnten. Um die Betriebsanlagen des DEV ganz auf das Gelände der Museumsbahn zu verlegen, fanden von Herbst 1972 bis Sommer 1973 umfangreiche Gleisbaumaßnahmem statt. Aber auch an den Stationen entlang der Strecke wurde fleißig gearbeitet, um neben einer Verbesserung der Gleisanlagen auch den optischen Eindruck zu verbessern. So wurde im Jahr 1973 zunächst der Haltepunkt Wiehe-Kurpark neu gestaltet. Neben einem längeren Bahnsteig konnte das Wartehäuschen des ehemaligen Haltepunktes Tivoli bei Hoya hier aufgestellt werden.

Im Winter 1973/74 erfuhr der Endbahnhof Asendorf einen grundlegenden Umbau, da die Gemeinde Asendorf einen Teil der früheren Ladestraße und das sonstige Bahnhofsgelände für eine anderweitige Nutzung vorgesehen hatte. Im Zuge der Umbaumaßnahmen mußten die Gleisanlagen bis auf ein Bahnsteig- und ein Umsetzgleis zurückgebaut werden. Damit war es nun nicht mehr möglich, lange Personenzüge ohne eine Lok am anderen Zugende nach Asendorf zu fahren. Mit dem Rückbau der Bahnanlagen verschwanden aber auch die Güterverkehrsanlagen; — eine Tatsache, die noch heute von den Museumseisenbahnern bedauert wird. Glücklicherweise konnte wenigstens der Lokschuppen vor einem Abriß bewahrt werden. Dem Umbau der Gleise folgte der Bau eines neuen Stationsgebäudes in Asendorf. Gemeinsam mit dem DEV errichtete die Gemeinde Asendorf eine ansprechende Fachwerkkonstruktion.

Neben den alljährlichen Bautätigkeiten wurden weitere Fahrzeuge angekauft und so vor der Verschrottung bewahrt. Neben zahlreichen Personen- und Güterwagen kamen interessante Lokomotiven und Triebwagen nach Bruchhausen-Vilsen, die in einem eigenen Kapitel vorgestellt werden.

Gelegentlich mußte bei der Finanzierung der Fahrzeugkäufe auf Spendenaktionen zurückgegriffen werden, da ein großer Teil der finanziellen Mittel in die Erneuerung der Strecke investiert worden war. So mußten kurzfristig auf mehreren Streckenabschnitten — vor allem im Bereich des Vilser Holzes — die morschen Schwellen ausgewechselt werden. Gleichzeitig wurde auf Teilstrecken stärkeres Schienenprofil der Form 6 eingebaut. Die gebrauchten Schienen hatte man zu günstigen Konditionen von anderen Bahnen erwerben können.

Ende 1979 wurde auf der Museumseisenbahn erstmals eine Großbaustelle eingerichtet, um beim Vilser Holz auf einen Schlag 330 m Gleis zu erneuern. Für eine

Mit einem 13-Wagen-Zug nimmt die Lok „Hermann" des DEV am 15.12.1991 die Steigung über den Geestrücken zwischen Bruchhausen-Vilsen und Heiligenberg, unterstützt durch die Lok „Franzburg" am Zugschluß. Foto: Stefan Högemann

andere Großbaustelle 1988/89 hatte der DEV von der Stuttgarter Straßenbahn gut erhaltene Gleisjoche kaufen können. Die schweren Schienen der Form S 41 auf K-Platten hatten mit einem typischen Kleinbahnoberbau zwar keinerlei Gemeinsamkeiten, doch mußte man dieses im Hinblick auf den sehr günstigen Preis akzeptieren. Der Umbau des mehr als 500 m langen Abschnitts wurde teils durch eine Gleisbaufirma, teils aber auch durch die Mitglieder selbst durchgeführt. Zur Verbesserung der Gleislage in dem feuchten Einschnitt wurde eine Schotterbettung eingebaut.

Der DEV übernahm 1983 die Betriebsführung auf der Strecke in Eigenregie und erhielt somit den Status einer Nichtbundeseigenen Eisenbahn. Als erste Museumsbahn trat er daraufhin dem Bundesverband Deutscher Eisenbahnen (BDE) bei, dem Dachverband der NE-Bahnen, der heute im Verband Deutscher Verkehrsunternehmen (VDV) aufgegangen ist.

Ab 1985 sorgte der DEV für einen normalspurigen Zubringerverkehr zur Museumsbahn, indem er den Triebwagen T 1 der VGH auf der Normalspurbahn einsetzte. Wegen der Streckensperrung des Westteils der VGH-Strecke mußten diese Fahrten 1991 entfallen.

Bereits Mitte des Jahres 1985 war in Bruchhausen-Vilsen mit dem Bau einer großen Fahrzeughalle begonnen worden, um endlich die vielen Personen- und Güterwagen geschützt unterstellen zu können. Um den optischen Eindruck des Kleinbahnhofs nicht zu sehr zu beeinträchtigen, wurde das große rechteckige Gebäude hinter dem Lokschuppen errichtet. Mit fast 310 m Hallengleis konnte es noch Ende 1985 weitgehend fertiggestellt werden. Im Zusammenhang mit dem Hallenbau wurde auch die Vorderfront des bestehenden Lokschuppens neu gestaltet und dem stilvollen Bild des Kleinbahnhofs Bruchhausen-Vilsen angepaßt.

Neben dem Gleisbau werden sich die Aktivitäten des DEV in naher Zukunft verstärkt auf die Restaurierung von Fahrzeugen und Anlagen für den Güterverkehr konzentrieren. Als erster Schritt in diese Richtung wurden 1989 die Gebäude am Bahnhof Heiligenberg erneuert und die dortige Ladestraße nach musealen Grundsätzen historisch gestaltet. In absehbarer Zeit sollen auch in Bruchhausen-Vilsen wieder Anlagen für den Güterverkehr entstehen, unter anderem eine Rollbockgrube, um dem Publikum das Umsetzen normalspuriger Güterwagen auf Rollböcke zu demonstrieren. Mit sogenannten „Güterverkehrs-Inszenierungen" könnte nach Abschluß der Arbeiten an bestimmten Tagen im Jahr der Ablauf im Güterverkehr einer Kleinbahn in allen Einzelheiten gezeigt werden.

Die Strecke

Der Bahnhof Bruchhausen-Vilsen liegt auf der Südostseite der Bahnhofsanlagen der VGH und ist gleichzeitig betrieblicher Mittelpunkt der Museumsbahn. Hier befinden sich eine große dreigleisige Wagenhalle, der Lokschuppen mit moderner Werkstatt sowie die notwendigen Behandlungsanlagen für den Einsatz von Dampflokomotiven. Das Streckengleis nach Asendorf verläßt den Bahnhof in südliche Richtung und umfährt den Ortsteil Vilsen auf seiner Ostseite. Nach 800 m folgt der Haltepunkt Vilsen Ort. Laut Fahrplan halten die Züge hier nur bei Bedarf.

Nun beginnt der Anstieg auf die Geest. Südlich der Haltestelle Vilsen Ort schwenkt das Gleis in einer langen Kurve in südwestliche Richtung und überquert nach 200 m die Landstraße nach Homfeld. Hier tritt die Bahn in ein reizvolles Tal ein, das von einem der vielen Bachläufe durchzogen wird, die sich ihren Weg von der höher gelegenen Geest zur Weserebene gespült haben. Es folgt in waldreicher Landschaft der Haltepunkt Wiehe Kurpark, nicht weit entfernt vom Schwimmbad von Bruchhausen-Vilsen.

Die 2 km lange 1:50-Steigung verlangt von den hier eingesetzten Dampflokomoti-

Kleinbahnatmosphäre an der Haltestelle Vilser Holz im Mai 1991. Die Lok „Franzburg" führt einen Originalzug der früheren Franzburger Kreisbahnen mit Görlitzer Gewichtsbremse. Unten: So dürfte es einst auf vielen Kleinbahnstationen zugegangen sein. Güterumschlag in Heiligenberg, Anno 1991.
Fotos: Wolfram Bäumer

Ein kühler Dezembertag mit tiefstehener Sonne läßt die interessanten Details des Kleinbahnzuges deutlich werden. Auch der Dampf der Lok „Hermann", die in Heiligenberg auf Ausfahrt nach Asendorf wartet, kommt bei dieser Witterung gut zur Geltung.   Foto: Josef Högemann

ven Höchstleistungen. Mit lautem Abdampfschlag erklimmen die Züge in dem hochgewachsenen Mischwald den Geestrandrücken, bevor der 1967 angelegte Haltepunkt Vilser Holz den Lokomotiven eine kurze Pause gönnt. Der malerisch gelegene Haltepunkt wird von Wanderern gern genutzt.

Nach Verlassen des Vilser Holzes fährt die Bahn durch einen von Bäumen und Sträuchern umsäumten Einschnitt, bevor nach gut 500 m endlich die Hochfläche der Geest erreicht ist. Wenn früher eine schwer arbeitende Dampflok vor einem Güterzug die Steigung von Bruchhausen-Vilsen her heraufkam, dann riefen die Kinder „Heuermann help mi, Heuermann help mi". Gemeint waren damit die Pferde des benachbarten Bauern Heuermann, die zur Hilfe eilen sollten. Hatte der Zug dann mit Mühe und Not das Ende des Einschnitts erreicht, dann schallte es in schnellem Takt „nu kan'k't alleen, nu kan'k't alleen".

Oben: Das neu gebaute „Stationsgebäude" Vilsen Ort, fotografiert im Sommer 1991. Foto: Joachim Petersen
Links: Früher befand sich an dieser Stelle der Haltepunkt Fischteiche (T 42 im Mai 1985). Foto: Ludger Kenning

Durch Wiesen und Felder führt die Kleinbahn dem Bahnhof Heiligenberg entgegen. Die Station wurde nach dem nahe gelegenen Ausflugsort „Forsthaus Heiligenberg" benannt, und nicht, wie zunächst vorgesehen, nach der benachbarten Ortschaft Dille. In Heiligenberg wird der Reisende von vorbildlich restaurierten Bahnhofsanlagen empfangen. Erst vor einigen Jahren sind der Güterschuppen und ein Lagergebäude vollständig saniert worden. Auch die Ladestraße und die Zufuhrwege sind in einen ansprechenden Zustand versetzt worden. Auf der Ostseite der Bahnstation führt ein Gleis zu einem zweigleisigen Schuppen. Hier werden Fahrzeuge untergebracht, deren Aufarbeitung zur Zeit nicht möglich ist. Ferner werden hier Rollwagen, Rollböcke, Radsätze und dergleichen gelagert.

Südlich von Heiligenberg führt das Gleis in Seitenlage der Bundesstraße weiter. Wiesen und Felder bestimmen das Bild. Es folgen die beiden Bedarfshaltestellen Klosterheide und Arbste, bevor die seit Heiligenberg schnurgerade verlaufende Strecke nach einer leichten Biegung die Endstation Asendorf erreicht. Seit Aufgabe des Güterverkehrs durch die VGH hat sich das Bild des Bahnhofs Asendorf stark gewandelt.

Früher herrschte hier einmal reger Güterverkehr, vor allem während der Frühjahrs- und Herbstmonate. Sogar ein Verladekran für Zuckerrüben war vorhanden. Von den früheren Hochbauten ist leider nur der alte Lokschuppen erhalten geblieben. Er dient heute als Unterstellmöglichkeit für einen der Triebwagen.

Oben: Gleisbau wie vor 50 Jahren. In Handarbeit wurde am 10.10.1981 der Oberbau bei Asendorf saniert.
Links: Museumsbahner in Uniformen, die nach Original-Schnitten der HEG geschneidert wurden.
Rechte Seite: Nach jahrelanger Arbeit konnte die „Plettenberg" wieder in Betrieb genommen werden (Bruchhausen-Vilsen, 3. 7. 1991).
Fotos: Wolfram Bäumer

Dampflokomotiven der Museums-Eisenbahn Bruchhausen-Vilsen - Asendorf

Name	Bauart	Bauj.	Hersteller	Fab.-Nr.	Bemerkungen
Bruchhausen	C-n2t	1899	Hanomag	3344	1966 Leihgabe ex VGH, ab 1971 Denkmal in Bruchhausen-Vilsen
Hoya	C-n2t	1899	Hanomag	3341	1967 ex VGH (Lok 31)
Hermann	C-n2t	1911	Hohenzollern	2798	1967 ex Kreis-Altenaer Eisenbahn AG (Lok 15), seit 1979 betriebsfähig
Plettenberg	B-h2t	1927	Henschel	20822	1968 ex Plettenberger Kleinbahn AG (Lok 3), seit 1991 betriebsfähig
Spreewald	1'C-n2t	1917	Jung	2519	ehem. Pillkaller Kreisbahn (Lok 23), 1945 an Spreewaldbahn (Lok 09-27), ab 1949: 99 5633 der DR, 1971 an DEV
Franzburg	B-n2t	1894	Vulcan	1363	ehem. Franzburger Kreisbahnen (Lok 4), ab 1949: 99 5605 der DR, 1973 an Freizeitpark Minidom (Breitscheid), 1980 an DEV, seit 1983 betriebsfähig

Lokomotiven und Triebwagen der Museumseisenbahn Bruchhausen-Vilsen — Asendorf

Dampflokomotiven

Mit der Lok „Bruchhausen" der VGH wurde 1966 der nostalgische Zugbetrieb zwischen Bruchhausen-Vilsen und Heiligenberg aufgenommen. Ein Jahr später mußte die Lok nach Fristablauf abgestellt werden und wurde aufgrund ihres schlechten Zustandes durch die Schwesterlok „Hoya" ersetzt. Heute ist die betriebsfähige „Hoya" Zeugin der Dampflokzeit der HSA.

Bereits 1966 war dem Verein die 3-achsige Lok „Hermann" der Kreis Altenaer Eisenbahn (KAE) zum Schrottpreis angeboten worden. Für den DEV war die kompakte Lok eine Bereicherung, zumal man bereits über zwei Original-Personenwagen der KAE verfügte. Aus finanziellen Gründen war es zunächst nicht möglich, die Lok zu kaufen. Hilfe kam schließlich von einem Vereinsmitglied, das sich bereit erklärte, anstelle eines neuen Autos den Ankauf der KAE-Lok zu finanzieren. Nach jahrelanger Abstellzeit wurde die Lok „Hermann" in den Jahren 1978/79 bei der Lokfabrik Jung und in der ÖBB-Hauptwerkstätte Knittelfeld vollständig aufgearbeitet und steht seit dem 30.4.1979 dem DEV zur Verfügung. Trotz nicht besonders guter Laufeigenschaften hat sich die Maschine auf den Gleisen der Museumseisenbahn bestens bewährt. Ihr leistungsfähiger, dampffreudiger Kessel ermöglicht auf der langen Steigung im Vilser Holz die Beförderung schwerer Züge auch ohne Vorspann.

Bis 1968 hatte die Lok 3 der Plettenberger Kleinbahn vor Personenzügen und im Rollwagenbetrieb im Einsatz gestanden. Die ehemalige Trambahnlok mit ihrem kastenförmigen Aufbau zählte zu den letzten ihrer Art und galt für den DEV als eisenbahngeschichtlich besonders wertvoll. Nur mit Mühe konnte 1968 der Kaufpreis von 4.000 DM aufgebracht werden. Damit wa-

Lok „Hoya" vor einem Personenzug im Bahnhof Asendorf im September 1977, im Hintergrund der restaurierte Lokschuppen. *Foto: Ludger Kenning*

ren die finanziellen Möglichkeiten des Vereins soweit erschöpft, daß auf eine Überführung der Lok zunächst verzichtet werden mußte. Die Stadt Plettenberg drängte jedoch auf den Abtransport der Lok. Mühevoll gelang es, das Geld hierfür aufzubringen und am 30.7.1971 wurde die Maschine auf einem DB-Tieflader überführt. Die Lok wurde einer gründlichen Überprüfung unterzogen. Die Schäden — vor allem im Bereich des Kessels — waren so gravierend, daß eine Aufarbeitung der „Plettenberg" zurückgestellt werden mußte. So blieb sie jahrelang abgestellt und kam schließlich in den Heiligenberger Schuppen. Nach weiteren Abstelljahren konnte im August 1983 endlich mit der Instandsetzung begonnen werden. In mühevoller Kleinarbeit wurde der Kessel zu etwa 80% neu aufgebaut sowie sämtliche Armaturen grundlegend aufgearbeitet. Am 13.9.1990 wurde die Lok erstmals wieder angeheizt, die offizielle Inbetriebnahme erfolgte am 2.7.1991.

Auf der Suche nach einer zweiten betriebsfähigen Dampflok konnte der DEV im Jahr 1970 die Lok 99 5633 der stillgelegten Spreewaldbahn von der Deutschen Reichsbahn erwerben. Die formschöne Lok hatte bis zum Ende des 2. Weltkriegs auf der Pillkaller Kreisbahn als Lok 23 im Einsatz gestanden. Auf Umwegen kam die Lok in den letzten Kriegsmonaten zur Spreewaldbahn und erhielt dort die Nummer 09-27. Nach der Verstaatlichung im Jahr 1949 wurde sie mit der Ordnungsnummer 99 5631 (später 99 5633) in den Bestand der DR übernommen. Nach Stillegung der Spreewaldbahn wurde sie zunächst abgestellt. Im April 1971 erfolgte die Überführung nach Wernigerode, um einer grundlegenden Aufarbeitung unterzogen zu werden. Mitte des Jahres 1971 wurde die „Spreewald" in den Betriebsdienst des DEV übernommen. Zur Zeit ist sie abgestellt und soll in den nächsten Jahren hauptuntersucht werden.

Eine weitere Kleinbahnlok konnte der DEV im Jahr 1980 erwerben. Es handelt sich hierbei um die ehemalige Lok 4i der Franzburger Kreisbahnen, die zuletzt mit der Reichsbahnnummer 99 5605 zwischen Ribnitz/Damgarten Ost und Stralsund in Betrieb gestanden hatte. Nach Stillegung der Meterspurbahn wurde der Zweikuppler vom Typ „Pommern" im Jahr 1973 an den Freizeitpark Minidom in Breitscheid verkauft und dort gemeinsam mit einem

In mühevoller Kleinarbeit und unter schwierigsten Bedingungen vorbildlich aufgearbeitet: Lok „Plettenberg" nach vollzogener Hauptuntersuchung am 18. 5. 1991 in Bruchhausen-Vilsen. Foto: Wolfram Bäumer

Personen- und Gepäckwagen als Spielplatzobjekt aufgestellt. 10 Jahre später gelang dem DEV, die kleine Lok in den Museumsbestand zu übernehmen. Nach nur 2-jähriger gründlicher Aufarbeitung konnte sie am 19.6.1982 den Dienst auf der Strecke Bruchhausen-Vilsen — Asendorf aufnehmen.

Diesellokomotiven der Museums-Eisenbahn Bruchhausen-Vilsen - Asendorf

Nr.	Name	Bauart	Bauj.	Hersteller	Fab.-Nr.	Bemerkungen
V 1		B	1941	Krupp	2446	1979 ex Rendsburger Hafenb. (Lok 11)
V 2	Spiekeroog	B	1940	Deutz	36708	1941 an Marinehafenbauamt Helgoland für Wangerooge, nach 1945 an Spiekeroog (Lok 2), 1969 an DEV, 1970-90 leihweise in Berlin
V 3		B-dh	1954	Deutz	55735	ehem. Euskirchener Krb. (V 22), 1966 an VGH (V 122), 1980 an DEV
V 4	Emden	B-de	1942	Henschel/SSW	25966	ehem. Marine-Artilleriezeugamt Borkum, 1947 an Inselbahn Borkum, 1988 an DEV

Lok 1 der ehemaligen Rendsburger Kreisbahn in Asendorf im Sommer 1988.

Vor einem GmP bei Bruchhausen-Vilsen waren die beiden Diesellokomotiven V 1 und V 3 im Sommer 1991 im Einsatz.

Fotos: Joachim Petersen

Diesellokomotiven

Die erste Diesellok konnte bereits 1969 vom DEV übernommen werden. Die 2-achsige Deutz-Lok war 1940 fabrikneu zur Militäreisenbahn auf der Insel Wangerooge geliefert worden. Nach Kriegsende verblieb sie zunächst auf Wangerooge, bevor sie 1949 zur Inselbahn Spiekeroog wechselte. 1965 wurde die mit der Betriebsnummer 2 versehene Lok abgestellt und 4 Jahre später nach Bruchhausen-Vilsen überführt.

Eine wesentlich größere Diesellok steht dem DEV seit Anfang 1980 zur Verfügung. Es handelt sich hier um die ehemalige V 122 der VGH, die 1966 von den Euskirchener Kreisbahnen übernommen worden war. Nach langer Abstellzeit begann sogleich die Aufarbeitung. Seit 1982 steht die 2-achsige Maschine als V 3 im Dienst der Museumsbahn. Neben gelegentlichen Einsätzen vor historischen Zügen wird sie häufig vor Arbeitszügen eingesetzt.

Eine dritte Diesellok ist seit 1980 betriebsfähig. Die ehemalige Lok 2 der Rendsburger Hafenbahn war ursprünglich für den Export nach Südamerika gebaut worden, wurde dann jedoch an die Rendsburger Kreisbahn geliefert. Mit der Betriebsnummer 11 stand sie bis 1957 auf der Meterspurbahn Rendsburg – Schenefeld im Einsatz. Nach deren Stillegung wurde sie auf Regelspur umgebaut und der Hafenbahn zur Verfügung gestellt. 1980 erfolgte der Rückbau auf Meterspur unter Mithilfe der Firmen Jung und Reuschling. Seit dem 26.7.1980 ist die V 1 wieder betriebsfähig.

Jüngster Neuzugang ist die ehemalige Lok „Emden" der Borkumer Inselbahn. Die Maschinenanlage besteht aus einem 6-Zylinder-Dieselmotor mit fest gekuppeltem Gleichstromgenerator. Die elektrische Energie treibt ohne Regelungselemente einen Elektromotor, der seine Kraft wiederum über Ketten auf beide Achsen überträgt, an. Gleich nach dem Eintreffen der Lok in Bruchhausen-Vilsen wurde mit der Umspurung von 900 mm auf 1.000 mm begonnen. Die Inbetriebnahme erfolgte 1989.

Jüngster Neuzugang des DEV ist die von der Inselbahn Borkum erworbene Diesellok „Emden".
Foto: Joachim Petersen (Sommer 1991)

Der Akku-Triebwagen T 46, der von der Meiringen-Innertkirchen-Bahn aus der Schweiz stammt, im Bahnhof Heiligenberg im Sommer 1991.
Foto: Joachim Petersen

Milchkanne, ein alter Koffer und ein ebenso altes Fahrrad waren Requisiten, die dem Triebwagen T 41 auf der Fahrt von Heiligenberg nach Bruchhausen-Vilsen beigegeben wurden (Vilsen, 2.5.1981). Foto: Ludger Kenning

Triebwagen der Museums-Eisenbahn Bruchhausen-Vilsen - Asendorf

Nr.	Bauart	Bauj.	Hersteller	Fab.-Nr.	Bemerkungen
T 41	AA	1933	Wismar	20202	1966 ex Steinhuder Meer-Bahn (T 41)
T 42	(1A)'(A1)'	1939	Dessau	3214	ehem. Franzburger Krb. (1124), nach 1949: VT 137 532 der DR, 1974 an DEV
T 43	2'B'	1925	AEG/LHL		ehem. Rendsburger Krb. (T 1), 1927 an Inselbahn Sylt (T 23), 1972 an Interessengem. Hist. Schienenverkehr (IHS), 1981 an DEV
T 44	(1A)'(A1)'	1950	Talbot	94429	ehem. Euskirchener Krb. (T 1), 1959 an Inselbahn Juist (T 2), 1982 an DEV
T 46	Bo	1931	Oerlikon	1144	1979 ex Meiringen-Innertkirchen Bahn (MIB)

Triebwagen

Als typischer Vertreter eines Triebwagens der Bauart „Hannover" konnte der Verein Anfang 1966 den T 41 der Steinhuder Meer-Bahn übernehmen. In seiner Bauart entspricht er dem inzwischen verschrotteten T 40 der Kleinbahn Hoya-Syke-Asendorf. Wie bereits einige Jahre zuvor die Dampflok „Hoya", so wurde auch der 1931 in Wismar gebaute Triebwagen durch die Lehrwerkstatt des Aw Bremen-Sebaldsbrück betriebsfähig aufgearbeitet.

Dunkle Wolken kamen auf, als der von den Franzburger Kreisbahnen stammende Triebwagen T 42 am 2.5.1981 Heiligenberg nach Bruchhausen-Vilsen verließ.
Foto: Ludger Kenning

Von der stillgelegten Inselbahn Juist kam 1982 der T 44 zum DEV. Im Mai 1983 war der Triebwagen am Bahnsteig von Bruchhausen-Vilsen ausgestellt.   *Foto: Ludger Kenning*

desrepublik zu überführen. Seither wird der Triebwagen als T 42 eingesetzt.

Der noch nicht betriebsfähige Triebwagen T 44 wurde dem DEV nach Stillegung der Inselbahn Juist geschenkt. Das 4-achsige Fahrzeug ist baugleich mit dem ehemaligen T 65 der HSA.

Der T 43 der Museumsbahn zählt zu den ersten Verbrennungstriebwagen und wurde 1925 an die Rendsburger Kreisbahnen (RKB) geliefert. Ein baugleicher Wagen war 1952 über die Flensburger Kreisbahn zur HSA gekommen und hatte dort bis Anfang der 60er Jahre im Dienst gestanden. Der T 1 der RKB konnte mit seinem Benzolmotor und seinem Stangenantrieb nicht befriedigen und wurde 1939 auf Dieselbetrieb umgebaut. Dabei erhielt der Wagen einseitig einen Kühlergrill. 1957 wurde der Triebwagen zur Sylter Inselbahn umgesetzt und stand dort bis zu deren Stillegung im Einsatz. Um das interessante Fahrzeug vor der Verschrottung zu bewahren, wurde es 1972 von der Interessengemeinschaft Historischer Schienenverkehr (IHS) erworben. Im Lauf der Jahre verschlechterte sich der Zustand des Triebwagens weiter. 1981 bot der DEV die Unterstellung im Schuppen in Heiligenberg an und konnte bald das Fahrzeug in seinen Bestand übernehmen. Eine künftige betriebsfähige Aufarbeitung ist zwar geplant, kann jedoch derzeit wegen der anstehenden umfangreichen Arbeiten nicht in Angriff genommen werden.

Der einer Lok ähnelnde Triebwagen T 46 stammt aus der Schweiz und stand 1931-79 auf der 5 km langen Bahn Meiringen — Innertkirchen (MIB) im Einsatz. Das Fahrzeug verfügt über 12 Sitzplätze und beförderte ursprünglich Techniker des Kraftwerks Oberhasli AG im Kanton Bern. Am 28.7.1979 traf der Akkutriebwagen in Bruchhausen-Vilsen ein. Nach einer Aufarbeitung, vor allem der elektrischen Komponenten einschließlich der Eisen-Nickel-Batterien, dient der T 46 DEV seit 1986 als Dienstfahrzeug.

Seit dem 26.4.1970 steht dem DEV damit ein Zeuge deutscher Kleinbahngeschichte betriebsfähig zur Verfügung. Eingesetzt wurde der T 41 zunächst vorwiegend im Rahmen von Sonderfahrten. Erst seit 1972 sieht der Fahrplan reguläre Triebwagenkurse vor.

Im Juli 1974 traf der VT 137 532 der DR in Bruchhausen-Vilsen ein. Der 4-achsige Triebwagen hatte zuletzt zwischen Hermannshof und Stralsund auf den ehemaligen Franzburger Kreisbahnen im Dienst gestanden und war dort nach der Einstellung des Reiseverkehrs Anfang 1971 abgestellt worden. Durch eine Spendenaktion gelang es dem DEV, das historisch wertvolle Fahrzeug zu erwerben und nach einer betriebsfähigen Aufarbeitung in die Bun-

Literaturverzeichnis

- Andreas Christopher: „Deutsche Kleinlokomotiven", Verlag Kenning, 1989
- Deutscher Eisenbahn-Verein: „In alter Frische – Die Fahrzeuge der Ersten Museums-Eisenbahn Deutschlands", 1987
- U. Hoeppner: „Die frühere Waggonfabrik Wismar", Blätter zur Verkehrsgeschichte Mecklenburgs, Eisenbahnfreunde Rostock
- Dr. Rolf Löttgers: „Die Privatbahnen der Grafschaft Hoya", Zeitschrift Eisenbahn-Kurier 10/1982, Freiburg
- Dr. Rolf Löttgers: „Die Triebwagen der Deutschen Werke Kiel", Verlag Uhle & Kleimann, 1988
- Wilfried Meyer: „Eisenbahnen im Landkreis Diepholz", MBO Druck & Verlags GmbH, 1985
- Ingo Westermann: „Die Geschichte der Hoyaer Eisenbahn-Gesellschaft und der Kleinbahn Hoya-Syke-Asendorf", Deutscher Eisenbahn-Verein e.V., Bruchhausen-Vilsen, 1989
- Gerd Wolff: „Die Privatbahnen in der Bundesrepublik Deutschland", Eisenbahn-Kurier Verlag, Freiburg 1984
- Deutscher Eisenbahn-Verein: „Die Museums-Eisenbahn" verschiedene Ausgaben, DEV Bruchhausen-Vilsen

Eisenbahnbücher aus dem Verlag Kenning

Ludger Kenning
Eisenbahnhandbuch Österreich
140 S. DIN-A4 gebunden, 150 Fotos
Preis: 43,60 DM / öS 340,
　Geschichte, Strecke(n), nicht im Kursbuch enthaltene Fahrpläne sowie Triebfahrzeuge (jeweils mit Baudaten und Herkunftsangaben) aller heutigen ÖBB-Linien, Privat-, Straßen-, Werk- und Museumsbahnen werden hier übersichtlich dargestellt und mit zahlreichen prächtigen Aufnahmen illustriert. Ein kompaktes und wertvolles Nachschlagewerk für jeden, der sich für die österreichischen Eisenbahnen interessiert.

Leonhard Bergsteiner
Eisenbahnen im Altmühltal
276 S. DIN-A4 geb., 250 SW-, 12 Farbfotos, 60 Tabellen, 130 Skizzen
Preis: jetzt 49,80 DM
　Vielfältig zeigt sich die Geschichte der Eisenbahnen im Altmühltal: Hauptbahn Ingolstadt – Treuchtlingen, Schmal- und Normalspurbahn Eichstätt Bahnhof – Eichstätt Stadt – Kinding – Beilngries, Nebenbahnen Ingolstadt Nord – Riedenburg, Neumarkt – Beilngries – Dietfurt und Dollnstein – Rennertshofen. Ausführlich wird auch die Geschichte des Bahnknotens Ingolstadt beschrieben: Bahnbetriebs- und Ausbesserungswerk, Militärbahnen und Pferdestraßenbahn. Wertvolle Fotodokumente zeigen ein interessantes Kapitel bayerischer Eisenbahngeschichte.

Andreas Christopher
Deutsche Kleinlokomotiven
132 S. DIN-A4 geb., 220 Fotos, 16 Skizzen
Preis: jetzt 29,80 DM
　Nach einer Beschreibung der Bauarten wird jede der 4004 Loks mit Bau- und Verbleibdaten aufgelistet, – reichlich illustriert mit Fotos aus dem gesamten Spektrum der Kleinlokeinsätze.

Meier – Busse – Henne – Lorenz
Eisenbahn Göttingen – Bodenfelde
100 S. 21x21 cm geb., 105 Fotos
Preis: jetzt 22,80 DM
　Die Schwülmetalbahn als Musterbeispiel für die Entwicklung einer Bahnlinie als Lebenslinie einer Region.

Eisenbahnbücher aus dem Verlag Kenning

Leven – Perillieux – Schwarz
Eisenbahnen in Euskirchen
132 S. DIN-A4 geb., 168 Fotos, 80 Skizzen
Preis: 44,- DM

Euskirchen bildet den Mittelpunkt der Eisenbahnen am Nordrand der Eifel: Eifelbahn Köln – Trier, Nebenbahnen nach Bonn, Düren und Bad Münstereifel, die Strecke Kall – Hellenthal, das Netz der schmalspurigen Euskirchener Kreisbahnen sowie viele interessante Werkbahnen zeigen die Vielfältigkeit dieses Themas.

Karl-Heinz Nauroth
Straßenbahnen in Bonn
116 S. DIN-A4 geb., 190 Fotos
Preis: jetzt 29,80 DM

Die Städtischen Straßenbahnen mit bis zu 5 Linien, die Straßenbahn Bonn – Bad Godesberg – Mehlem (BGM) sowie die Siegburger und Siebengebirgsbahn (SSB) werden beschrieben und ausführlich illustriert.

Jürgen Lehmann
Straßenbahn und Obus in Rheydt
116 S. 21x21 cm geb., 106 Fotos
Preis: 34,80 DM

Pferdebahn, elektrische Straßenbahn, Omnibusse und Obusbetrieb stellen ein abgeschlossenes Kapitel Nahverkehrsgeschichte der Stadt Rheydt dar, die heute ein Stadtteil Mönchengladbachs ist.

Andreas Petrac
Schmalspurbahn Wolkenstein – Jöhstadt
116 S. DIN-A4, ca. 170 Fotos
Preis: ca. 44,- DM (ab Frühjahr 1992)

Im oberen Erzgebirge führte bis 1986 eine 750-mm-Schmalspurbahn durch das Preßnitztal. Das Umfeld, die Menschen, die geschichtliche Entwicklung der Bahn und die Fahrzeuge werden detailliert beschrieben und mit vielen wertvollen Fotodokumenten dargestellt.

Josef Högemann
Eisenbahn Altenbeken – Nordhausen
144 S. DIN-A4 geb., 170 SW- und 17 Farbfotos, 49 Skizzen
Preis: 48,- DM

Die Ost-West-Verbindung Altenbeken – Ottbergen – Northeim – Nordhausen hat eine bewegte Vergangenheit und war einst ein bedeutender Schienenweg Rhein/Ruhr – Mitteldeutschland. Bis 1976 erbrachten Dampfloks schwere Güterzugdienste am Vorharz, im Solling und im Weserbergland. Eindrucksvolle Fotos erinnern hieran.

Rainer Heinrich
Die Klingenthaler Schmalspurbahn
ca. 76 S. 21x21 cm kart., ca. 90 Fotos
Preis: ca. 19,80 DM (ab Frühjahr 1992)

Zwischen Klingenthal und Sachsenberg-Georgenthal existierte 47 Jahre lang eine meterspurige und elektrisch betriebene Schmalspurbahn mit einem für Sachsen untypischen Fahrzeugpark.

Reihe „Nebenbahndokumentation":

Band 1
Josef Högemann
Schmalspurbahnen im Ostharz
96 S. 21x21 cm geb., 30 Farb-, 68 SW-Fotos
Preis: 34,80 DM

Nach einer Beschreibung der Geschichte, der Triebfahrzeuge und der Strecken der Nordhausen-Wernigeroder Eisenbahn und der Gernrode-Harzgeroder Eisenbahn zeichnen viele sehr alte, aber auch neue Fotos ein eindrucksvolles Bild dieser beiden berühmten Schmalspurbahnen.

Band 2
Josef Högemann
Schmalspurbahnen an der Ostsee
96 S. 21x21 cm geb., 27 Farb-, 80 SW-Fotos
Preis: 34,80 DM

Die Bäderbahn Bad Doberan – Kühlungsborn („Molli"), die Franzburger Kreisbahnen und das Streckennetz auf Rügen werden hier beschrieben. Die vielen prächtigen – historischen und aktuellen – Fotos sprechen für sich.

Band 3
Hans-Joachim Knupfer / Josef Högemann
Bottwar- und Zabergäubahn
96 S. 21x21 cm geb., 110 Fotos
Preis: 34,80 DM

Die Bottwarbahn Heilbronn Süd – Marbach und die Zabergäubahn Lauffen – Leonbronn wurden in 750 mm Spurweite gebaut, jedoch inzwischen umgespurt oder stillgelegt. Ein markantes Stück württembergischer Bahngeschichte wird hier wieder lebendig.

Verlag Kenning
Hermann-Löns-Weg 4, W-4460 Nordhorn
Tel. 05921/76996, Fax 05921/77958